* 本书是广西教育科学规划 2021 年度广西财经素养教育研究专项重点课题“基于‘5 个维度’的大学生财经素养教育沙盘模拟实验教学设计与实践”（立项编号：2021ZJY882）的研究成果

大学生财经素养教育沙盘模拟实验教学设计与实践

◎ 黄琦琦　著

中国商业出版社

图书在版编目（CIP）数据

大学生财经素养教育沙盘模拟实验教学设计与实践 / 黄琦琦著 . -- 北京 : 中国商业出版社 , 2023.8

ISBN 978-7-5208-2532-0

Ⅰ . ①大… Ⅱ . ①黄… Ⅲ . ①大学生 – 财政经济 – 素质教育 – 仿真系统 – 计算机管理系统 – 实验 Ⅳ . ① F812-39

中国国家版本馆 CIP 数据核字 (2023) 第 122548 号

责任编辑：杨善红

策划编辑：刘万庆

中国商业出版社出版发行

（www.zgsycb.com 100053 北京广安门内报国寺 1 号）

总编室：010-63180647 编辑室：010-83114579

发行部：010-83120835/8286

新华书店经销

定州启航印刷有限公司印刷

*

880 毫米 ×1230 毫米 32 开 4.5 印张 90 千字

2023 年 8 月第 1 版 2023 年 8 月第 1 次印刷

定价：58.00 元

* * * *

（如有印装质量问题可更换）

前言

近年来，我国经济发展取得了很大成就，人民生活水平明显提升。社会经济的不断发展使得每个人都有机会参与经济活动，人们对于财经素养的关注度越来越高。提升财经素养有助于个人更好地参与社会经济活动，对于大学生来说也不例外，提升大学生的财经素养是我国在新时代新征程中以人才引领持续推动经济高质量发展的需要。

财经素养是与现实生活密切相关的一种素养，它的教育应更注重体验性、实践性。沙盘模拟实验教学能很好地满足体验性和实践性的需求。目前，关于通过沙盘模拟来进行大学生财经素养教学的研究还比较少，本书从教学设计与实践方面对比展开分析和研究。

第一，对我国财经素养教育的发展进行研究。介绍了我国的财经素养教育发展历程，包括财经素养教育的组织、教育体系、教育模式等方面。

第二，对大学生财经素养教育沙盘模拟实验教学的相关理论进行探索。主要探究了人的全面发展理论、建构主义理论、人本主义教育理论、多元智能理论、情境学习理论，以理论指导实践，得到对大学生财经素养教育沙盘模拟实验教学的启示。

第三，对大学生财经素养教育沙盘模拟实验教学设计进行探讨。从大学生的学习特点出发，分析大学生财经素养教育沙盘模拟实验教学设计的原则和方法，设计大学生财经素养教育沙盘模拟实验教学的教学体系与教学方法，并列举教学设计实例。

第四，对大学生财经素养教育沙盘模拟实验教学实践进行探索，并根据教学实践的相关数据分析教学效果与不足之处。

第五，探讨大学生财经素养教育沙盘模拟实验教学设计的局限性，并提出改进建议。

第六，分析大学生财经素养教育沙盘模拟实验教学实施的困境与突破困境的策略。

本书是广西教育科学规划 2021 年度广西财经素养教育研究专项重点课题“基于‘5 个维度’的大学生财经素养教育沙盘模拟实验教学设计与实践”（立项编号：2021ZJY882）的研究成果，由黄琦琦（广西科技师范学院）独立撰写。由于作者水平有限，书中难免存在不足之处，恳请读者批评指正。

目 录

第一章　导论

一、研究问题的提出

（一）大学生财经素养教育的重要性

大学生作为人才资源的重要组成部分，其财经素养教育尤其应受到关注。在经济高质量发展的背景下，每个人都有可能参与经济活动，如果不具备一定的财经素养，人们的日常社会活动就会在一定程度上受到影响。财经素养教育已被全球50多个国家和地区纳入国家战略，与金融保护和金融监管共同成为维护社会金融稳定和健康发展的重要措施。大学生已经具备了一定的财务独立性，要面对个人的财务问题，这就要求他们学会管理自身财务，学会解决日常生活中遇到的财经问题。对大学生进行财经素养教育不仅仅是培养专业人才的要求，也是满足大学生更好地参与社会经济活动需求的要求。财经素养已经成为一项基本素养，是大学生日常生活中必备的知识和技能。大学阶段是大学生提高财经素养最重要的窗口期，在此时期对大学生进行财经要素教育能为他们毕业后参与社会经济活动打下良好的基础。因此，研究如何更好地对大学生进行财经素养教育具有重要的现实意义。

（二）大学生财经素养教育尚待完善

目前，我国大学生财经素养教育的推行尚待完善。在教育形式方面，多数高校采取专业课程、讲座等形式来进行大学生财经素养教育教学。在教学方法方面，多数高校采用教师讲授的教学方法，这样的教学方法在发挥学生的主观能动性方面有一定的局限性，在一定程度上限制了大学生将财经知识转化为内在经验。

二、核心概念的界定

（一）财经素养

国内外相关学者和重要国际组织都对财经素养进行了界定。

经济合作与发展组织（Organization for Economic Co-operation and Development，OECD）认为“财经教育”是指基于财经概念和风险的知识和理解，个体提升技能并充满自信地应对财经风险，在各种财经情境中做出明智决策，懂得寻求帮助并采取有效措施提升财经幸福感的过程。

国际学生评估项目（The Program for International Student Assessment，PISA）从学生必备的能力出发，认为财经素养是“学生对于财经与风险的相关知识的理解能力与把握程度”。

美国财经素养入门联盟（Introduction to Financial Literacy

Alliance in the United States）把财经素养定义为“运用财经知识和技能有效管理个人财经资源以实现一生财经安全的一种能力”。

澳大利亚证券和投资委员会（Australian Securities and Investment Commission，ASIC）从财经素养对社会起到的作用的角度出发，认为财经素养是“个体根据自身实际情况做出有效财经决策”。

中国财经素养教育协同创新中心根据 OECD 对财经素养的定义和阐述，结合我国核心素养的特点，提出了适合我国国情的财经素养概念。他们将财经素养定义为“个体后天形成的知识、能力、观念和信念等内在修养”，认为财经素养是人们在财经生活中所具有的财经知识、理财技能和财富观念等基础修养。

（二）财经素养教育

关于如何理解财经素养教育的基本内涵，目前国内研究者尚无定论。很多研究者从不同的角度对财经素养教育这一概念进行了阐释。王瑶琪、林光彬（2018）认为，若从财经素养教育可达到的预期目标上来说，财经素养教育就是让学生能做到不羡慕富有、不鄙夷贫穷，学会善待自己与他人，并且获得一种体面且有尊严的人生。张男星等（2018）认为，中国的财经素养教育不全是金融教育、消费者教育、财商教育，更是关乎个体财富人生的生活教育、情感教育、思想道德教育。

（三）沙盘模拟教学

沙盘模拟教学是一种体验式、互动式学习方式，即把企业生产、经营、管理活动的诸多经济业务融为一体并展示在物理或电子沙盘上，让参与者能够直接参与模拟的企业运作，体验复杂、抽象的经济与管理理论，帮助参与者将理论知识彻底消化并运用于实践。

企业资源规划（Enterprise Resource Planning，ERP）即本书所说的沙盘模拟，指建立在信息技术基础上，以系统化的管理思想为企业决策层及员工提供决策运行手段的管理平台。依据 ERP 管理理念，ERP 沙盘模拟企业经营是以制造型企业为原型，构建一个企业运行的环境，也就是利用实物沙盘直观、形象地展示企业的内部资源和外部资源。一般来说，ERP 沙盘展示的重点是企业内部资源。ERP 沙盘可以展示企业的主要物质资源，包括厂房、设备、仓库、库存物料、资金、职员、订单、合同等各种内部资源，还可以展示包括企业上下游的供应商、客户和其他合作组织，甚至可以展示为企业提供各种服务的政府管理部门和社会服务部门等外部资源。将学生分成若干小组，每组学生以企业经营者（总经理、财务总监、营销总监、生产总监、采购总监）的身份，在变化的市场竞争条件下，模拟企业的经营全过程，包括企业战略制定、资金筹措、生产设备投资与改造、市场营销与开发、生产规划、原料采购、财务核算与管控等企业运营的关键环节，主要涉及管理、会计、营销、生产、物流等基础知识，建立对企业经营的基本认知。通过这种方式，学生可以在参与、体验中学习管理知识、感悟企业经营理念、培养团队合作精神，最终提高综合能力和素养。

三、我国财经素养教育发展概述

在我国悠久灿烂的历史文化中，财经素养教育思想一直有迹可循。部分中国传统文化中的财经素养教育思想内容如图 1–1 所示。

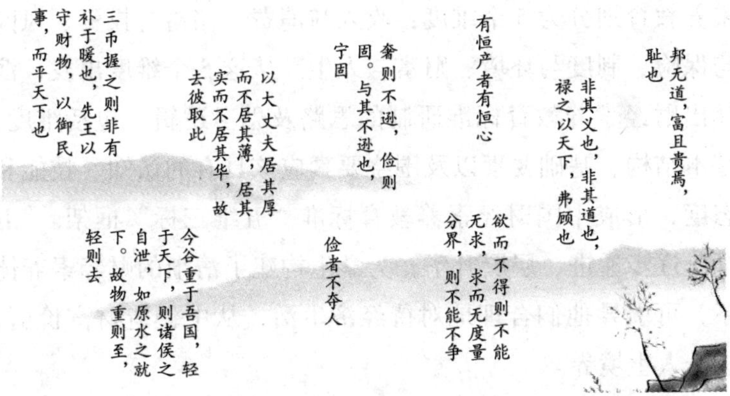

图1–1　中国传统文化中的财经素养教育思想

近年来，最初走进人们视野的是“财商”这一概念。由 OECD 发起的 PISA 于 2012 年在原有测评项目的基础上首次加入财经素养能力相关的测评项目，引发了我国对于财经素养的关注。国内关于财经素养的研究逐渐增多，“财经素养”这一概念逐渐取代“财商”成为这个领域的官方学术用语，财经素养教育也随之受到各方面的重视。

在财经素养教育的组织方面，2016 年 11 月 18 日，中国教育科学研究院联合多家学术研究机构、社会组织等成立中国财经素养教育协同创新中心。2018 年 1 月，中国财经素养教育协同创新中心组织研制的《中国财经素养教育标准框架》正式发布，这是国内第一份系统的、学段相对完整的财经素养教育标准框架。《中国财经素养教育标准框架》结合我国基础教育课程标准的设计方式，以“世界视野、中国特色”为思想指导，依循个体参与经济生活的脉络，将财经素养教育划分为 5 个维度：收入与消费、储蓄与投资、风险与保险、制度与环境、财富与人生。从这 5 个维度出发，演绎出财经素养教育标准研制的思路及思考逻辑，包括维度、基本结构、基础要素以及围绕要素应该具有的认知、技能和态度，形成中国财经素养教育标准“五维三标”框架。“五维”逐步递进、层层升华，为学生构建了清晰的财经素养体系，可引导他们合理地对待经济生活，从中创造财富价值，提升人生境界。

《中国财经素养教育标准框架》更注重德育，更重视价值观的树立。这对于我国财经素养教育的实践有着重要的指导意义。其中有 3 个教育目标：了解知识与事实、获取方法与技能、形成观念与态度。在形成观念与态度的教育目标中，很多教育内容都与我国传统文化和中国特色社会主义核心价值观有着密不可分的联系。古景春（2018）认为，观念与态度是知识引导实践后的结果在人脑中形成的精神反映，是三维目标中的上层建筑，也是财经素养教育要达成的最高目标。财经素养教育最终的落脚点是立德树人，根植于传统文化精义与生根于中国特色社会发展的土壤，是我国财经素养教育的两大特色。杨爱华（2022）也认为，中国的传统文化和现有的社会制度决定财经素养教育必须以德为先。

在财经素养教育实践方面，王胜（2019）总结了财经素养教育的中国路径，除了官方学术机构逐渐开始关注财经素养教育的研究与实践，一些社会公益组织和商业机构也致力于面向青少年和儿童普及与推广财经素养教育，积累了丰富的课程和项目经验。刘志阳（2019）对上海财经素养教育实践进行梳理，发现近年来通过在学校启动"财经素养"试点课程、开发教材、规划建设实践基地、研发智慧教学云平台、开办财经素养训练营等方式，上海财经素养教育取得了很好的教学成效。

对于大学生财经素养教育，国内学者也进行了一系列相关研究。张凤林、张轩浩（2011）认为大学生财经教育课程体系具有发展性、主体性、实践性、开放性和动态性的特点。在构建财经教育课程时要设立课程教育目标，指明课程教育内容；投资教学基础建设，巩固课程教育基础；构建课程实践基地，加强课程实践教育教学；建立长效课程评价体系，完善课程评价机制。陈启山等（2017）对我国开展财经素养教育的必要性进行了阐述。覃丽君、张妍（2017）从PISA 财经素养测评对我国学生核心素养影响的角度进行了相关研究。刘志阳（2019）研究发现，上海财经大学中国财经素养教育研究中心自主开发了具有在线学习、实践模拟、能力评价与教师管理四大功能的财经素养智慧教学系统，让学生体验各种场景中的财经活动。黄孔雀、许明（2020）在研究国外大学生财经素养教育实践经验的基础上提出了其对我国大学生财经素养教育的启示。楚晓琳（2020）通过研究认为，虽然财经素养教育的重要性已被学校广泛关注，但因财经素养有着跨学科、跟现实生活联系紧密的特点，在开展时仍存在教学方法单调、课时受限、不知如何下手等困境。

通过国内学者的研究可以发现，我国的大学生财经素养教育因刚起步，理论支持还有待增强，实施上也还存在一些问题。在意识方面，部分学校对财经素养教育的重视还有待提升；在课程教学方面，部分学校存在思路和目标有待明确、忽视学生体验性的问题；在财经素养教育推行方面，部分学校存在区域水平差异性较大的问题；在财经素养教育评价方面，目前还没有具体的评价标准，也缺乏评价工具，导致教育效果难以准确评价。这些问题都有待进一步研究和解决，以推动我国财经素养教育不断发展。

四、本书主要研究问题及研究思路

（一）研究目标

财经素养教育是一种跟现实生活紧密相关的教育，其十分注重体验性和情境性。沙盘模拟实验教学具有很好的仿真性和体验性，通过将沙盘模拟引入大学生财经素养教育，实现模拟经济活动与财经知识的动态交互，激发学生的学习动机，可以使学生更加主动地学习。沙盘模拟实验教学中以学生为中心，能提高学生的主观能动性，注重实践性，有利于学生将财经知识内化为自己的素养。

在目前的财经素养教育模式中，通过沙盘模拟实验教学进行财经素养的教学还较少，故本书从《中国财经素养教育标准框架》里提出的“收入与消费”“储蓄与投资”“风险与保险”“制度与环境”“财富与人生”5个维度出发，融入社会主义核心价值观，设计适用于中国大学生财经素养教育的沙盘模拟实验教学方案，旨在丰富大学生财经素养教育的模式，促进中国路线的财经素养教育体系的构建。

（二）研究内容

（1）如何将《中国财经素养教育标准框架》里提出的“收入与消费”“储蓄与投资”“风险与保险”“制度与环境”“财富与人生”5个维度的相关知识体系通过沙盘模拟的形式体现出来。

（2）如何将社会主义核心价值观及国家战略融入沙盘模拟实验，构建中国路线的财经素养培育体系。

（3）如何在大学生财经素养教学实践中合理运用沙盘模拟实验教学，让学生获取财经知识、掌握财经技能、形成良好的财经观念。

（4）大学生财经素养教育的沙盘模拟实验教学的效果评

价与改进。

（5）大学生财经素养教育的沙盘模拟实验教学实施的困境与策略。

（三）研究思路

本书从《中国财经素养教育标准框架》里提出的“收入与消费”“储蓄与投资”“风险与保险”“制度与环境”“财富与人生”5个维度出发，确定大学生财经素养教育的教学目标和内容，并据此设计形成一套能够覆盖这5个维度知识体系的沙盘模拟教学方案。具体方法是将沙盘模拟运用于教学实践中，并通过调查问卷收集相关数据用以评价沙盘模拟实验教学效果，分析沙盘模拟教学目前存在的问题和将来改进的方向，分析大学生财经素养教育的沙盘模拟实验教学实施的困境并提出相应的策略建议。

第二章　大学生财经素养教育沙盘模拟实验教学相关理论

一、人的全面发展理论

（一）人的全面发展理论的发展

人的全面发展理论是马克思主义理论的重要组成部分。它首次出现于马克思中学时代的文章《青年在选择职业时的考虑》，后在《1844 年经济学哲学手稿》中出现“人拥有自身的全面本质”的表述。对人的全面发展理论进行明确论述是在马克思、恩格斯合著的《德意志意识形态》中，后来的《1857—1858 年经济学手稿》《资本论》《哥达纲领批判》《人类学笔记》等著作引领人的全面发展理论逐步成熟和完善。

（二）人的全面发展理论的主要观点

人的全面发展理论内涵丰富，覆盖面广，这里仅阐述其中的部分观点。马克思认为，只有当人的能力得到全面发展时，个人所处的社会关系和环境才有可能被不断地再生产。为了防止社会关系成为压抑人性的工具，社会关系需要被控制和占用，这就要求人的能力达到一定的程度。要注重人的多种能力的全面发展，如智力、体力、社会能力等，而推进这些能力全面发展的主要能力是劳动能力。

人的全面发展的“发展”包括两种含义。一是完整发展。人的基本素质能力不允许出现维度的缺失，要实现整体的发展。二是协调发展。人的各项基本素质是个有机统一体，它们之间相互影响、相互作用，如果发展不协调，只注重某方面而忽视了其他方面，那么整体的发展就会受到限制。

（三）人的全面发展理论对大学生财经素养教育沙盘模拟实验教学的启示

人的全面发展理论是开展大学生财经素养教育的理论依据。财经素养教育不仅要注重“德”“智”，还要注重“劳”，即大学生不仅需要掌握财经知识和技能、形成财经观念，还要积极参与社会财经活动，从中感知和体验社会。利用沙盘模拟来进行大学生财经素养教育，让他们在沙盘中模拟进行社会财经活动，有助于增强他们的主观能动性和实践能力，有利于其德智体美劳全面发展。

二、建构主义理论

（一）建构主义理论的发展

建构主义（constructivism）又称为结构主义，最早是由认知发展领域较有影响的瑞士心理学家让·皮亚杰（Jean Piaget）于20世纪60年代提出来的。建构主义理论是认知理论的一个分支，它源于认知主义，又在认知主义的基础上进行了批判、综合和发展，是“后认知主义”的学习理论，关注人的主观能动性、实践和活动的问题。建构主义吸收了很多教育学家和心理学家的观点，如维果茨基（Vygotsky）的发展学习论、布鲁纳（Bruner）的认知结构学习论、奥苏贝尔（Ausubel）的认知同化学习理论等，从人类社会环境对心理发展的影响、认知结构的性质与发展条件、个体的主动性在建构认知结构过程中的重要作用等方面进行了研究，这些观点丰富和发展了建构主义，从而形成了比较完整的理论。

（二）建构主义理论的主要观点

建构主义学习观认为，学习并不能简单归结为学生被教化，不是学生被动地接收信息的过程，而是学生主动参与并以自己的经验建构知识的过程。这里的建构包含两个层面，一是对原有经验的改造或重组，二是对新信息的意义建构。“情境”“协作”“会话”“意义建构”是学习环境中的四大要素，学习是在一定情境即社会文化背景下的意义建构过程。建构主义学习理论注重学习情境的作用，强调学习是一种交互过程，知识的建构是学生与外部环境相互作用的结果，因此在真实情境中能够使学习变得更有效。学习的目的是“意义建构”，“意义”是指事物的性质、规律以及事物间的内在联系，“意义建构”就是对当前学习内容所反映事物的性质、规律以及事物间的内在联系进行较深刻的理解，其长期存储就形成当前所学内容的图式。这个建构不仅仅包括单向的内化建构，还包括逆向的外化于物，即不仅要让学生获取和熟记知识，还要让学生能真正运用知识去解决现实世界中的问题。

建构主义教学观认为，教学应以学生为中心，教师应是学生进行意义建构的协助者，要为学生创设符合教学内容要求的情境，帮助学生找到原有经验和新知识之间的联系，并在可能的条件下组织和引导学生进行协作学习，以使意义建构更加有效。建构主义教学模式主要有支架式教学（Scaffolding Instruction）模式、抛锚式教学（Anchored Instruction）模式、随机通达教学（Random Access Instruction）模式等。

（三）建构主义理论对大学生财经素养教育沙盘模拟实验教学的启示

在大学生财经素养教育中，学习的重点不只是记忆知识、理解知识，还要学会应用知识解决问题。借鉴建构主义理论，教师不能只是简单地给学生讲授知识，而是要让学生作为学习的主体，将学生置入情境中，让学生自己发现问题、思考问题、解决问题，培养学生自主式学习、探究式学习、合作式学习财经知识的能力。教师作为学生学习的指导者和探路者，只需要在学习过程中给予适当引导，帮助学生自己进行财经知识的建构。沙盘模拟能够很好地提高学生在学习中的主体地位，让学生从已有的经验出发，通过沙盘模拟情境与自主思考来解决问题，从而学习财经知识，提升财经素养。在沙盘模拟教学中，教师和学生可以分享各自原有的知识和经验，共同交流和讨论如何理解和运用知识，教师可以适时组织学生以小组合作的形式进行沙盘模拟，使之协作学习、互动学习。通过沙盘模拟中的持续相互作用，大学生的财经素养建构将更加有效。

三、人本主义教育理论

（一）人本主义教育理论的发展

早在两千多年前，中国古代经济学家、哲学家、政治家管仲就提出了“顺民所欲”的具有朴素人本思想的施政纲领。春秋末期，老子在《道德经》中提出：“故道大，天大，地大，人亦大。域中有四大，而人居其一焉。”他将人与道法、天地并列，把人的主观能动性和遵循大道运行规律辩证统一起来，肯定人的存在，重视人的发展。以孔子为代表的儒家思想认为“为政在人”，孟子也强调治国为政的根基是得人心。这些提法都在不同形式上凸显了以人为本的思想。

伴随着人本主义的发展，产生了人本主义教育理论。人本主义教育理论的出现可以追溯至20世纪六七十年代，美国资本主义经济的不断迅猛发展冲击着人们的价值观念，外部世界对人的物化和异化日益严重，导致社会问题层出不穷。以美国心理学先驱人物马斯洛和罗杰斯为代表的人本主义心理学家将他们的心理学理念引申到教育领域，掀起了一场轰轰烈烈的教育改革，人本主义教育理论逐步发展起来。

人本主义教育理论在教育界具有重要地位和影响，它所倡导的许多观念都已深入人心，并已成为美国和其他一些国家教育领域的主流思想。我国 20 世纪 80 年代发展起来的主体教育理论在一定程度上可称为中国本土化的人本主义教育理论，20 世纪 90 年代引起关注的马克思主义全面发展理论也与人本主义教育理论不可分割。

（二）人本主义教育理论的主要观点

从学习者的角度说，人本主义教育理论的核心内容是“以学习者为中心”。马斯洛认为，学习者并不是如行为主义者所说的只是对外界环境机械地做出反应，也不只是被动地接受教育的物，而是有情感和内在需求的个体，具有无限成长并取得成功的潜力。罗杰斯主张“以学生为中心”进行教学，而教师的任务则是为学生创设有利于充分发挥其个体潜力的学习情境，提高学生应对学习过程中的阻碍和困境的能力，并促成学生正确地认知自我。因此，在设计课程和实践内容时，要以学生的需求和学习目的为依据。

从教育目标的角度说，人本主义教育理论认为教育针对的目标是人。该理论主张教育的目标在于培养完整的人，教育不仅要帮助学生获得健全的人格，还要帮助学生达到“自我实现”，成为机能完善者，即达到“一个人能力和潜能的充分利用和发挥”，这是教育的最终目标。

从教育内容的角度说，人本主义教育理论主张教育的内容是教师协助学生获得在多元社会生活所必需的基本技能。

罗杰斯认为，在未来的世界，正确面对新事物的能力比知道和重复旧事物的能力更重要。教育内容是按照学习者不同需求和个性进行全人教育，课程内容强调由以学科为中心转向以个体需求为中心。在传授技能的同时，教师应关注学生情感和价值观的发展。

从教学方法的角度说，人本主义教育理论主张教学过程是鼓励和协助学生学习的过程。教学以学生为中心，教学过程即是学生探索新经历、感受新体验、获得新方法的过程。教师作为协助者，在教学过程中为学生的学习适时提供帮助。

从教育环境的角度说，人本主义教育理论主张教学环境具有高度的互动性和实践性。教学环境的高度互动性，是教学具有有效性的重要因素。“没有威胁”及“鼓励和关心学生成长”是最理想的有利于学习的环境，即教师与学生之间应当建立一种平等、和谐、互相接纳的积极关系。此外，实践性是人本主义教育中必不可少的。教育必须建立在实践经历基础之上，只有实践才能使理论知识发挥作用，让学生的学习成为“有意义”的学习。

（三）人本主义教育理论对大学生财经素养教育沙盘模拟实验教学的启示

借鉴人本主义教育理论，大学生财经素养教育沙盘模拟实验教学应以大学生自身为本。在设计课程和实践内容时，要切实关注大学生的学习需求，关注他们在社会生活中会遇到什么方面的财经问题，进行什么样的教学有助于他们获得解决这些问题的技能、形成正确的财经观念、形成健全的人格。沙盘模拟教学在教学方法和教育环境方面与人本主义教育理论有很高的契合度。在整个教学过程中，学生自主探索进行实操，教师适时进行指导，有很好的互动性和实践性。要有效地进行这样的以学生为中心的教学，教师必须要建立起良好的师生关系，首先要尊重学生，接纳他们的想法和情感，不随意批判，不让他们感到威胁；其次要了解学生，了解他们目前的学习状况和心理；最后要信任学生，相信他们有能力发展自己，让他们的潜能得到充分激发，从而实现自我的价值。

四、多元智能理论

（一）多元智能理论的发展

1983 年，美国教育学家和心理学家霍华德·加德纳（Howard Gardner）以一种全新的、多元的视角对人类智能进行了诠释，表示只要某种能力在某种文化背景中发挥出应有价值，其就作为一项智能存在。从这一观点出发，他提出了多元智能理论。这种理论认为人类的思维和认识的方式是多元的，每个人身上至少存在 7 项智能，即语言智能、数理—逻辑智能、音乐智能、视觉—空间智能、身体—运动智能、人际交往智能、自我认识智能。随着研究的深入，加德纳鉴别出更多的智能类型并且对原有的智能分类进行修改，在 1996 年提出了第 8 种智能，即认识自然的智能。1999 年，由沈致隆等学者翻译的《多元智能》原著中文版在国内出版发行，多元智能理论正式传入国内，许多教育工作者开始将多元智能理论应用到教学实践活动中。

（二）多元智能理论的主要观点

人在社会背景下存在，其所具有的智能是多元的，这些智能既独立又相互联系。如前所述，人除了语言智能、数理逻辑智能这些传统智能，还具备音乐智能、视觉—空间智能、身体—运动智能、认识自然的智能、人际交往智能、自我认识智能。各项智能通过个体与外界间的相互作用而产生作用。个体所处的外界环境不同，因此同一个智能在不同的个体间存在差异性，同一个个体中不同的智能发展也是不均衡的。这些智能相辅相成，在不同的认知领域里各司其职，对个体来说都十分重要，因此人要全面发展。

（三）多元智能理论对大学生财经素养教育沙盘模拟实验教学的启示

在大学生财经素养教育中也需要考虑大学生多元智能的发展。个体的智能是先天存在的，但是要发展智能就需要个体与外界间的相互作用。运用沙盘模拟进行大学生财经素养教育教学可以给他们学生提供多元表征，从多方面加强他们与外界的相互作用。在教学时，可以设置多种任务，如在模拟创办企业时，让大学生自主设计企业Logo，培养他们的视觉—空间智能；让大学生小组合作进行沙盘模拟，培养他们的人际交往智能；让大学生模拟连续几年的企业融资、资源配置决策，培养他们的数理—逻辑智能；在年度规划会议中让大学生发表自己的决策建议，培养他们的语言智能；在模拟结束后，组织大学生进行复盘，让他们学会反思，总结在模拟过程中自己有哪些方面做得不够完美，之后在实际生活中该如何进行改进等，培养他们的自我认识智能。

五、情境学习理论

（一）情境学习理论的发展

情境学习理论可追溯至20世纪初约翰·杜威（John Dewey）的“做中学”思想，但其正式兴起是在20世纪的八九十年代。1989年，布朗（Brown）、柯林斯（Collins）与杜继德（Duguid）在《情境认知与学习文化》中提出了“情境学习”概念，从心理学角度阐述了情境学习的认识论和方法论基础。1991年，教育人类学家莱夫（Lave）和温格（Wenger）在《情境学习：合法的边缘性参与》一书中从人类学视角对情境学习进行了界定，提出了“合法的边缘性参与”的概念。情境学习理论已成为学习理论中的重要流派，对于人们重新理解知识和学习、开展教学和指导起到了重要的作用。

（二）情境学习理论的主要观点

情境学习理论主张知识具有情境性和工具性。首先，知识存在于情境化的实践活动中，体现着个体与环境之间的动态交互，因此知识具有情境性，即当个体或群体参与情境中的活动并进行有意义的协商时，知识就产生了。其次，知识只有通过使用才能被完全掌握，因此知识又具有工具性。知识和情境这两个是紧密结合、互不可分的。情境的使用可以帮助学生认知事物、学习知识，它是学生学习过程中的一个非常重要的组成部分。情境学习理论认为，学习是个体、知识、情境三者交互的产物，学习应该通过合法的边缘性参与的方式来进行，即它是一个文化适应与获得特定的实践共同体成员身份的过程。合法的“边缘性参与”的实质是学习者在与他人和环境的相互作用下参与一项实践活动，从而实现实践能力和社会化水平的共同提升。情境学习理论推动了很多教学模式的产生，影响较大的包括认知学徒制、抛锚式教学以及问题式学习等。

（三）情境学习理论对大学生财经素养教育沙盘模拟实验教学的启示

依据情境学习理论，大学生财经素养教育需要以具体情境为基础，使学生在特定情境中参与财经活动，将财经知识运用到具体的活动中，最终达到真正掌握财经知识的目的。通过情境的设置，学生可以了解情境背景，探索解决问题的方法，完成沙盘模拟任务，并通过这个过程完成知识与情境的动态交互，在情境活动中运用财经知识，获得学习体验，以实现知识真正的内化。在沙盘模拟教学中，设计的情境要以现实活动为依据，如信贷、投资、税收等，让情境尽可能地趋近于现实世界，这样有助于让学生尽快地融入情境，在情境中获取财经知识，也有助于学生把在沙盘模拟中学到的财经知识运用到现实生活的真实财经活动中。

第三章　大学生财经素养教育沙盘模拟实验教学设计

为了让大学生的财经素养教育实现体验式教学、互动式教学，本书总结了其他学者进行相关研究的思路与实践探索的经验，以 ERP 沙盘模拟为基础，结合中国财经素养教育协同创新中心组织研制的《中国财经素养教育标准框架》里提出的“收入与消费”“储蓄与投资”“风险与保险”“制度与环境”“财富与人生”5 个维度进行教学设计，并融入社会主义核心价值观及国家战略，希望通过教学使大学生不仅能“了解知识与事实”，更能“获取方法与技能”，从而“形成观念与态度”。

第一节　大学生学习特点分析

大学生财经素养教育沙盘模拟实验教学的对象是大学生，因此在教学设计前应先了解他们的学习特点。

第一，大学生的学习过程更自主。不同于中小学阶段的老师、家长全方位全程监督式学习，大学生一般离家较远，在一定程度上脱离了家长的监督，学校的课程也不是全天安排，且有很多课程可以根据自己的兴趣和特长进行选修，这意味着大学生的学习要依靠自己的主观能动性，大学生要作为一个独立的学习个体来规划并管理自己的学习过程。

第二，大学生的个体意识强烈。大学生具有强烈的个体意识，更追求平等、开放、包容，在教学中也不例外，比起完全以教师为权威的教学，他们更寻求教师在情感上对他们的理解与支持，更期望跟教师在价值观上产生交流和共鸣。因此，教师在对大学生的学习指导中，应更注重创造开放与包容的课堂，建立平等与和谐的师生关系，应做大学生学习中的指导者、成长中的引路人。

第三，大学生认知维度多元。时代的发展给大学生提供了丰富的接触信息的渠道，他们的经历和体验并不匮乏，认知维度也是多元化的。在学习内容方面，大学生既有较强的专业指向性，又有很多跨学科或学科融合的知识，难以与别的专业领域完全割裂开。

第四，大学生的学习手段多样化。在信息技术迅猛发展的今天，大学生学习的方式并不只局限于课堂，他们能够熟练运用灵活多样的手段和方式获取学习资源和信息。相比中小学生和年长的群体来说，大学生对于网络信息的处理和掌控是更游刃有余的，他们可以通过互联网获取海量的学习资讯。除此之外，实习实训、社会实践、社团活动、学术讲座等，都是大学生可以积累知识和经验的渠道。

很多学者通过研究大学生的学习现状发现他们在学习方面还存在一些问题。例如，谢红雨、肖荷（2022）以西南地区 3 所师范类高校在校大学生为样本进行研究，发现部分学生存在学习倦怠问题，具体体现为情绪低落、成就感低等。再如，彭洁、王浪、蒋蕾（2022）与张玉辛、戴心来（2022）从不同角度对大学生学习投入进行了研究，结果表明大学生学习投入高对于促进其取得良好的学业成就至关重要。而大学生学习投入的情况整体还有待提升，教师的教学行为无疑是影响学生学习投入的一个重要因素，教师的教学设计与组织行为能够显著影响学生学习投入的行为、认知和情感投入等各个维度。另外，师生互动频率和情感投入也亟待提升。又如，李蓉荣、程良宏（2021）通过研究认为部分大学生存在学习参与边缘化的问题，表现为部分大学生成为课程学习参与的“局外人”，他们淡化甚至故意放弃自身的学习主体身份，其原因是部分大学生存在“不会”“不愿”“不在乎”的学习态度与行为。这些学习方面存在的问题一定程度上影响着大学生的学习成效。

要帮助大学生解决这些学习方面的问题，还需要社会、家庭、学校以及大学生自身形成合力。从学校层面来说，教师在教学设计上多加探索是提升大学生学习效果的重要途径。

第一，在教学设计中优化教学方法，提升课堂质量。大学生学习方式多样，教师在教学方法上也应当灵活。教师应熟悉现代信息技术并将其熟练运用于教学，打造线上线下相结合的多种教学模式，将翻转课堂、微课等教学模式引入教学，提高大学生的参与度，让“学生忙起来，教学活起来”，防止灌肠式教学，减少大学生对于学习的倦怠感。

第二，教学设计中应注重师生互动，提升大学生学习投入。师生互动有助于提升学生的学习投入度。在教学过程设计中，应多设计师生互动的教学活动。教师可以提出思考问题，激发大学生的探索欲望，也可以让他们进行分享，提升他们对课堂的关注度。在教学过程设计中让每位大学生都有机会参与课堂，让他们真正成为学习的主人，才能防止他们对学习活动或学习环境持消极情绪体验，增加他们对于学习的情感投入。

第三，提高教学设计的精准度，提升大学生的参与感。部分大学生学习参与边缘化问题缘于其存在“不会”“不愿”“不在乎”的学习态度与行为。教师应通过专业、合理的教学设计，精确地向大学生传递课程内容、学习目标等信息，帮助他们走出“不会”的困境；设计更丰富多样、有层次的教学活动，将他们吸引到课堂中来，激发他们的学习热情，让他们更积极主动地投入学习，弱化他们的“不愿”情绪；在教学评价设计时考虑全面过程化评价和终结性评价，对准学习目标，更合理地量化他们的学习效果，防止他们出现“不在乎”的态度。精准的教学设计有助于提升大学生的参与度，将他们从学习的“局外人”拉回学习的主人身份中来。

在大学生财经素养教育沙盘模拟实验教学设计中，除了要了解大学生学习的普遍性特点，教师还需要了解大学生对于财经素养的学习的特点。张开金（2020）曾对大学生财经素养教育的需求与回应进行研究，通过问卷调查的方式，发现大学生普遍希望学校开展财经素养教育，并普遍认为财经素养教育要注重实践性，在开展时间、课程设置、教学形式及开展主体上有多样化的需求。从整体来看，大学生财经素养水平尚待提升，各个年级的大学生对财经知识的了解程度和财经技能的掌握程度都需要进一步提高。例如，部分大学生在消费行为中存在无计划性，有投资理财意识但是缺乏相关知识的学习和体验，容易接受消费贷款但难以甄别风险。这些特征都是在进行教学设计时需要考虑到的。

第二节 大学生财经素养教育沙盘模拟实验教学设计原则与方法

一、大学生财经素养教育沙盘模拟实验教学设计原则

（一）以学生为中心原则

沙盘模拟实验在整个教学过程中是以学生实操为主，其实践性决定了在教学中是以学生为主体的，因此在教学设计中也要遵循以学生为中心的原则。以学生为中心并不代表一味地迎合学生，而是要根据学生的特点、能力、需求等因素去规划教学，让学生从被动的知识接受者变成主动的知识发现者。教师应通过教学去回应学生的诉求，为学生的长远发展打好基础。财经素养是与现实生活紧密相关的一种素养，财经素养教育要让受教育者能够运用财经知识和技能去解决现实生活中的财经问题。财经素养教育的教学对象是学生，因此要了解他们在实际生活中会遇到什么样的财经问题，以

他们的需求作为教学设计的关注点。在教学设计中要关注到学生的不同需求，对不同学段的学生设计不同的教学方法与不同的教学重点，相同学段也要根据学校的现实情况和学生的差异采取不同的教学方式。大学生处于一个成长过渡期，相较于中小学生来说，大学生财经素养教育沙盘模拟实验教学设计应更关注创业、职业的选择、信贷风险、资金规划等财经元素，以解决大学生在现实生活中遇到的财经困惑，也为他们将来步入社会后独立地进行更深层次的财经活动做好铺垫。

（二）适用性原则

要在沙盘模拟实验中将大学生财经素养教育很好地融合进去，就要注重沙盘模拟的各个环节对于财经素养教学目标的适用性。沙盘模拟并不是每个环节都适合融入财经素养教育的，所以在教学设计时要考虑沙盘模拟环节的适用性，如果某个环节找不到合适的财经素养切入点，就不能生硬融入；如果某个环节适合融入财经素养教育，还要找到适当的教学方法，这样财经素养教育的效果才会事半功倍。这就要求教师先将沙盘模拟的环节、规则完全吃透，然后熟悉大学生财经素养教育的知识框架，这样才能在教学设计时游刃有余地挖掘适用性，将财经素养教育融入合适的沙盘模拟环节。

（三）指向性原则

有效的教学设计应当是具有指向性的，只有具备了明确的指向性，教学才能够达到预设目标。要让教学设计具有指向性，就需要解决 3 个问题：谁学、学什么、怎么学。首先，要明确是谁学习，即教学对象要有指向性。教学设计不是盲目地设计怎么教，而是要根据学生的实际情况设计教学，学生的学习特点是什么、目前的能力水平是什么程度、认知倾向如何等都是需要了解的问题，基于此才能设定好预期的目标。其次，要明确教学中让学生学什么，也就是教学的内容要具有指向性。教学的目标要指向财经素养，教学内容要向财经素养靠拢，在教学设计中要注意财经素养的导向渗透。要挖掘出对于大学生而言更具重要性的核心素养，在教学设计中注重核心素养的指向和培养。最后，要明确怎么学会，即教学方法要具有指向性。在教学设计中，教学方法不能生搬硬套，也不能千篇一律，而是要根据实际情况选用合适的教学方法，有指向性的教学方法才能在教学中发挥特定的作用，真正为教学目标服务。

（四）方向性原则

立德树人是教育的根本任务，是高校的立身之本。财经素养教育的重要目标之一是让学生形成财经观念和态度，在教学设计中，要始终坚持以立德树人为根本任务，要注重弘扬社会主义核心价值观，适时将国家战略思想融入教学中，引导学生形成积极健康的思想和信念。

（五）实践性原则

人本主义教育理论认为，实践性是必不可少的，教育必须建立在实践经历的基础之上，只有实践才能使理论知识发挥作用，让学习者的学习成为“有意义”的学习。建构主义理论也认为，学习的目的是“意义建构”，这个建构不仅仅包括单向的内化建构，还包括逆向的外化于物，即不仅要让学生获取和熟记知识，还要让学生能真正运用知识去实践。加之沙盘模拟实验本身是以学生实操为主，因此在教学设计时应更强调学生的实践性，在融入财经素养教育时不能仅采取教师讲授法，要注重由教师引导学生自己去获取知识并将其运用在沙盘模拟实践中，让学生真正通过实践活动来完成财经知识的“意义建构”。

（六）思辨性原则

财经素养涵盖的内容十分丰富，有的问题也不只有一个标准答案或一个解决方式。在不同的层面上对同一个问题展开思考是很重要的。因此，在大学生财经素养教育沙盘模拟实验教学设计时还要注重思辨性。在教学中，不能让学生局限于教师的思维或局限于标准答案的思维，要鼓励学生独立发现问题、独立思考论证，为学生创造讨论和辩论的空间，让学生在理性的基础上表达不同的意见，跳出单一思维，转向综合的思维方式，让学生思辨明真，从而更好地面对纷繁复杂的财经世界。

（七）与时俱进原则

时代在发展，社会在前进，周围的财经生活环境也在不断发生变化。个体的生活环境离不开时代的发展，学生每天接触的是时代发展中的各类信息，未来毕业后进入社会面临的也是将来时代的发展。因此，大学生财经素养教育沙盘模拟实验教学设计不是一劳永逸的，要关注社会的发展和变化，要与时代脉搏紧紧相扣，与时代发展息息相通，紧跟时代步伐，适时加入新的热点问题与新的发展观念，拓展学生的眼界，这样才能避免财经素养教育存在滞后性。

二、大学生财经素养教育沙盘模拟实验教学设计方法

（一）选择合理的融入点，画好沙盘模拟与财经素养教育的连接线

财经素养教育包含的内容广泛而丰富，无论是哪种形式的教学，都无法将所有的教学内容都涵盖于内。因此，在大学生财经素养教育沙盘模拟实验教学设计中应做好财经素养教育点的选择，所选择的财经素养教育内容既要符合大学生的学习需求，又要符合沙盘模拟的流程。

首先，对《中国财经素养教育标准框架》中提出的 5 个维度的教学内容进行研究和分析，将《中国财经素养教育标准框架》中的每个内容烂熟于心，为教学设计做好铺垫。

其次，厘清沙盘模拟的规则，熟悉沙盘模拟全流程，紧扣沙盘模拟的主线，延展财经素养教育点，从《中国财经素养教育标准框架》中挑选出合适的内容，以合理的方式融入沙盘模拟的环节。融入的时间和方式切忌生硬，不能影响沙盘模拟实训流程，要使财经素养教育与沙盘模拟实训相互推动。

最后，充分了解和关注学情，根据学生的学习特征、教学的时长等情况，合理设置教学目标，科学安排教学活动。如果学生财经基础知识较为薄弱，而财经素养的教学目标设置得过高，达到这个目标需要花费的时间就会过长，从而影响整体沙盘模拟实训学习效果。如果学生本身具备一定程度的财经知识基础，而财经素养的教学目标设置得过低，就会减弱学生对学习的兴趣和投入，也会影响学习的效果。因此，财经素养教学目标的设计需跟学情相匹配，这样才能让教学具有可操作性，保障财经素养教育沙盘模拟实验教学的有序开展。

（二）以引导学生思考为主，让学生在沙盘模拟情境中探索财经知识

根据对大学生学习特点的分析，在大学生财经素养教育沙盘模拟实验教学设计中，财经素养知识的融入不能只以教师教授为主，而要由教师提出问题，引导学生自己思考得到答案。设计教学问题和教学任务，并不是盲目抛出问题，而是要注重优化问题和任务的方式，提高解决问题的效果。要

提出好问题，即根据学生的学习情况、沙盘模拟的进展情况等，在适当的时机进行提问，这样才能有效激发学生的思考意识。教学问题和教学任务不能单独存在，需要情境的支撑，如此才能更好地促进学生思维的展开，帮助学生将财经素养知识内化于自己的思维体系中。沙盘模拟实训本身就让学生处于企业模拟经营的情境中，在此基础上拓展出的财经素养教学也应延续情境，延续出来的情境要跟原来的沙盘模拟情境有关联度，且情境要符合现实，贴近社会生活，这样才能帮助大学生更有效地形成财经思维，从而有能力解决现实中遇到的财经问题，达到财经素养教育的教学目标。

（三）适时采取“变式”设计，提高沙盘模拟与财经素养教育的适配度

《中国财经素养教育标准框架》列举的 5 个维度财经素养体系中，部分内容是较为抽象和宏观的，如果在教学设计中全都直接照搬，可能会导致教学效果大打折扣；也有部分内容从直观上可能难以找到与沙盘模拟实验的连接点。因此，在大学生财经素养教育沙盘模拟实验教学设计中，需要适时采取数学上的“变式”思维，在保证精神内核不变的前提下，让财经素养教学内容换一种形式出现在教学设计中。例如，《中国财经素养教育标准框架》中的“收入与消费”的维度表示，大学生应当形成“个人财务要长远规划、安全运营，才可持续增长”的财经观念与态度。ERP 沙盘模拟是让学生模拟企业的经营，与个人财务的表面关联性不大，如

果教学设计要融入这个财经素养教育点，首先就需要适当“变式”，让学生通过企业的模拟经营体会到企业的财务需要长远规划，否则就会影响企业的经营成效，然后适时引申至个人财务的层面。“变式”设计可以提高沙盘模拟与财经素养教育的适配度，也可以提高学生举一反三、触类旁通的能力。

（四）充分利用复盘环节，让学生在总结中形成财经观念和态度

沙盘模拟实验教学中教师的讲授时间较少，大部分时间留给学生进行实训操作。因此，教师组织学生对实训过程进行复盘，分析和总结经验，在复盘过程中引导学生思考和形成财经素养观念是很重要的，可以说复盘对整个教学过程起到点睛的作用。《荀子·劝学》中说：“君子博学而日参省乎己，则知明而行无过矣。”意思是君子广博地学习，并且每天检验反省自己，那么他就会智慧明理并且行为没有过错。同理，学生在沙盘模拟实训中如果只是埋头操作，或者只寻求实训结果，而没有回过头来分析和反省实训过程，就无法真正收获经验。有的学生实训结果较好，但没有收获经验，那么这样的成功可能是偶然的，无法复制或重现，这便是“无意义的成功”；而反过来，有的学生实训的结果不理想，但是从中收获了经验教训，这便是“有意义的失败”。也就是说，学生实训结果的好坏与其财经素养的提升程度有时并不是正相关的。因此，大学生财经素养教育沙盘模拟实验教

学设计中要重视复盘环节的设计，将财经素养教育承载于复盘环节，由教师带领学生对实训过程进行回顾，分析当时的投资、融资等是否达到了预期效果以及是否有更好的方案等，从中分析成败的原因，总结经验并将经验铭记于心，这样才能帮助学生真正形成财经观念和态度，得到学习的成长和素养的提升。

（五）挖掘思政元素，助力学生综合素质的提升

大学生财经素养教育沙盘模拟实验教学设计中，除了要画好沙盘模拟与财经素养教育的连接线，还要挖掘相关的思政元素，将社会主义核心价值观、国家战略等思政内容融入教学中。思政内容的设计要遵循“融合”的重要原则，如果选取的思政内容与财经素养沙盘模拟实验教学的内容不融合，可能会导致学生产生逆反心理，从而影响思政教育的效果。因此，一定要选取与财经素养沙盘模拟实验教学内容紧密相关的思政内容，使沙盘模拟实验教学、财经素养教育、课程思政教育形成协同效应，提升学生整体素质，构建“三全育人”的格局。

第三节　大学生财经素养教育沙盘模拟实验教学体系与教学方法设计

一、大学生财经素养教育沙盘模拟实验教学体系设计

根据 ERP 沙盘模拟的实训内容，结合《中国财经素养教育标准框架》提出的 5 个维度的财经素养教育目标，设计出大学生财经素养教育沙盘模拟实验教学体系，如表 3-1 所示。

表3-1　大学生财经素养教育沙盘模拟实验教学体系

沙盘模拟环节	主要实训活动	财经素养教育目标
组建团队	学生 4 ～ 6人为一组，自由组队，模拟创办企业，组内成员进行分工，竞聘总经理、财务总监、营销总监、生产总监、采购总监等职业角色，就职演说	**维度一：收入与消费** 结构一：劳动与个人收入 目标——了解知识与事实 ●职业的选择与机会成本 ●创业的含义和基本条件 目标——获取方法与技能 ●能够对不同职业的成本及机会成本进行分析与计算 目标——形成观念与态度 ●从就业、事业和个人特长与爱好等多方面比较职业选择的成本、收入和利弊

（续表）

沙盘模拟环节	主要实训活动	财经素养教育目标
组建团队	学生4～6人为一组，自由组队，模拟创办企业，组内成员进行分工，竞聘总经理、财务总监、营销总监、生产总监、采购总监等职业角色，就职演说	**维度二：储蓄与投资** 结构三：投资与收益 目标——了解知识与事实 ●大学生创业的相关政策 目标——获取方法与技能 ●能够撰写初步的实业投资商务计划书 **维度三：风险与保险** 结构二：商业保险与社会保障 目标——了解知识与事实 ●我国社会保险相关政策和规定 目标——获取方法与技能 ●能够完整把握“五险一金”等福利待遇的政策及操作流程 目标——形成观念与态度 ●商业保险与社会保险的存在是国家、社会、个人共同对抗经济风险的手段 **维度五：财富与人生** 结构一：财富与个人家庭 ●自食其力赚取收入、合理合法累积财富，是一个人进入社会独立生活的标志 ●赚钱少并不影响个体成为有尊严的社会人
新年度规划会议	每组企业经营团队召开新年度规划会议，确立企业总体战略，制定本年度企业规划、各个职位的职能策略，编制资金预算	**维度一：收入与消费** 结构二：个人消费与规划 目标——获取方法与技能 ●能够结合现期收入、预期收入、消费需求，制定一定时期的财务规划 目标——形成观念与态度 ●个人财务要长远规划、安全运营，才可持续增长

（续表）

沙盘模拟环节	主要实训活动	财经素养教育目标
申请长期贷款/短期贷款	每组企业经营团队进行融资决策，进行申请长期贷款或短期贷款的操作	**维度二：储蓄与投资** 结构二：储蓄与信贷 目标——了解知识与事实 ●我国信用制度，包括个人信用制度和企业信用制度 目标——获取方法与技能 ●能够根据利率、期限、还款方式等要素，对不同贷款项目进行成本及风险分析，判断出合适的贷款渠道 ●能够运用文本阐释、观察调查、预判风险等方法，做出符合自身需求的决策判断，合法贷款 目标——形成观念与态度 ●在合法合规的金融机构办理存贷款业务，尤其不能采用“裸贷”等极端方式获取贷款 ●要在经济活动中建立并保持良好信用记录 结构三：投资与收益 目标——形成观念与态度 ●贷款创业需要全面评估成本和收益以及自己的风险承受能力
支付税款	按照每组企业上年税前利润的25%支付所得税	**维度一：收入与消费** 结构三：政府收入与支出 目标——了解知识与事实 ●我国税收制度 ●我国税务系统的构成及其运行 目标——形成观念与态度 ●依法诚信纳税，纳税人权利得到保障

（续表）

沙盘模拟环节	主要实训活动	财经素养教育目标
广告投放，参加订货会，下原料订单，购买/租用厂房，新建生产线，产品研发投资	每组企业经营团队进行广告投放的决策和操作；参加订货会；在规定时间内进行选订单/登记订单的操作，若超时则视为放弃；根据生产需要，向供应商订购所需原材料；进行厂房购买或租用的操作；进行新建厂房的操作	**维度二：储蓄与投资** 结构三：投资与收益 目标——了解知识与事实 •投资规划与资源配置结构的优化 •要素市场的供求状况在资源配置中的作用 目标——获取方法与技能 •能够制订简单的投资计划 目标——形成观念与态度 •适当投资以避免资金闲置；但投资有风险，需要谨慎与合理规划 **维度五：财富与人生** 结构三：财富与生命自然 •时间是人最宝贵的资本，也是最昂贵的消费品
按订单交货，缴纳违约订单罚款	经营企业进行订单交货的操作，如果有违约没交货的订单，将扣除订单总金额相应比例的违约金	**维度三：风险与保险** 结构一：风险与管控 目标——形成观念与态度 •具有风险意识，并将风险评估纳入个人行动的预测框架 **维度五：财富与人生** 结构二：财富与国家社会 •法治国家是创造个人财富和社会财富的基本保障，公民要维护自身作为劳动者和消费者的双重权益

（续表）

沙盘模拟环节	主要实训活动	财经素养教育目标
新市场开拓	每组企业经营团队进行新市场开拓的决策，在本地市场、区域市场、国内市场、亚洲市场、国际市场中进行市场开拓的选择与操作	**维度四：制度与环境** 结构二：国际贸易与全球化 目标——了解知识与事实 ●理解我国对外开放基本政策和原则 ●我国对外开放的国家战略或倡议 目标——形成观念与态度 ●中国应积极参与国际经济竞争与合作 ●区域经济一体化对一个国家国际贸易发展的影响具有双重性

注：《中国财经素养教育标准框架》提出的5个维度包括“收入与消费”“储蓄与投资”“风险与保险”“制度与环境”“财富与人生”，每个维度下包括2～3个结构，每个结构下关注“了解知识与事实”“获取方法与技能”“形成观念与态度”3个目标。本体系根据沙盘模拟实验每个环节的实训内容选取适合融入的维度、结构与目标。

二、大学生财经素养教育沙盘模拟实验教学方法设计

（一）讲授法

大学生财经素养教育沙盘模拟实验虽注重学生自主进行实训，但是教师的讲授也不可或缺。讲授法是教师需要运用口头语言系统传递知识信息和控制学生的认识活动，给学生提供一定的引导，传达实训任务、进行总结、互动答疑等教

学过程都需要用到讲授法。讲授法使学生的思维活动处于积极的状态中，教师通过分析和比较、归纳和演绎、综合和概括，向学生传授财经知识。

（二）谈话法

谈话法又称问答法，是教师根据一定的教学目的要求和学生已有的知识和经验，通过师生间的问答对话使学生获得新知识或巩固知识、发展智力的教学方法。谈话法分为复习谈话和启发谈话两种形式。在大学生财经素养教育沙盘模拟实验教学中，教师需要向学生提出与财经素养相关的启发性问题，引发学生思考并获取财经知识；沙盘模拟复盘时也需要通过谈话法引导学生总结财经经验。谈话法可使教师直接了解学生的学习状况，有利于学生独立思考，可培养学生的表达能力。需要注意的是，教师提出的问题要明确且有启发性，这样才能促进学生积极思考。在学生回答后，教师要注意点评和总结，纠正学生的不正确认识，让学生的知识掌握得更准确、系统、科学。

（三）演示法

演示法即通过多媒体或其他教具向学生演示沙盘模拟的操作步骤，让他们更清楚和直观地感知沙盘模拟实验。教师在演示中要让学生明确演示的目的和要求，如演示订货会订单选择如何操作、演示广告投放如何操作等，让学生有意识地进行观察与思考，从而准确掌握操作方法。

（四）讨论法

讨论法即学生在教师的指导下为解决某个问题进行探讨、辩论，理性地发表自己的看法，相互交流和学习，从而获取知识。例如，在沙盘模拟的新年度规划会议环节，沙盘模拟中遇到紧急问题需要集体决策的环节，教师提出某个财经问题让学生思考和讨论的环节，都需要用到讨论法。讨论可以使学生集思广益、取长补短，加深对原有财经知识的理解并获取新的财经知识，有利于活跃课堂气氛，发挥学生的主动性、积极性，开拓学生的思维能力和口头表达能力。

（五）情境教学法与体验式教学法

沙盘模拟实验教学将学生置于企业模拟经营的情境中，让学生切身体验企业的经营过程，可提高学生将财经知识运用于实践的能力，即通过教学过程让学生完成知识与情境的动态交互，在情境活动中运用财经知识、获得学习体验，以实现财经知识的真正内化。

（六）线上线下混合式教学法

大学生的学习方式是多样化的，教师可以充分利用互联网，进行线上线下混合式教学。课前，教师可以通过网络平台给学生布置一些预习任务，也可以将一些沙盘模拟的视频、资料等学习资源上传到网络平台上，让学生在课下也能通过网络自主进行学习。

第四节　大学生财经素养教育沙盘模拟实验教学环境设计

教学环境设计是教学设计的重要环节之一。一个良好的教学环境能让学生更好地关注学习，从而更好地理解和掌握知识，提高学习效果。

一、课堂教学空间设计

课堂教学空间设计对于提高学生的学习效果和教师的教学效果都有很大的影响。好的课堂教学空间可以使学生的注意力更加集中，更好地接受知识，也可以让教师更加轻松地控制教学进度，使教学效果最大化。

课堂教学空间的布局很重要。合理的布局能够让学生坐得更舒适，且不同的布局可以使课堂更加多样化，能让学生有新鲜的体验，提高学习兴趣。教师需要合理分配课堂教学空间。这个分配不仅仅是座位的分配，还包括教室里各种资源和工具的分配，如黑板、投影仪、音响等。教师需要根据教学计划和学生的具体情况来合理安排教学空间。

大学生财经素养教育沙盘模拟实验教学会把学生分成若干个学习小组，4～6人为一组，小组成员在沙盘模拟中需要召开会议、进行讨论、协作操作。电子沙盘模拟一般安排在有计算机的实训室进行。实训室常见的座位安排有以下几种。

（一）横向排列

横向排列的座位示意图和实物图如图3-1和图3-2所示。

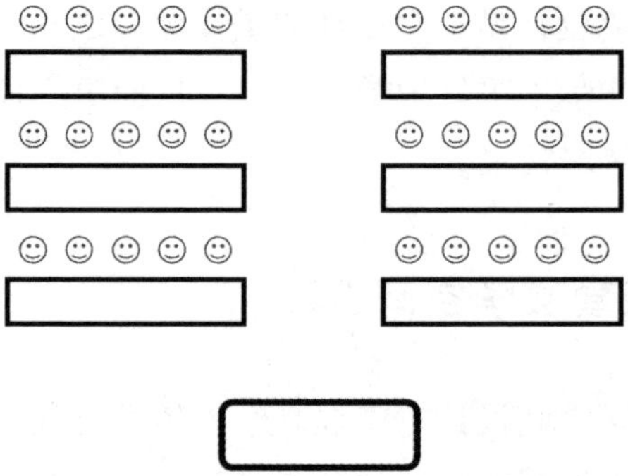

图3-1 横向座位示意图

图3-2 横向座位实物图

由图 3-1 和图 3-2 可知，这个类型的座位布局是横向排列的，并且学生都面向教师的讲台，方便观看教师的讲授和示范。但是两行座位之间的空隙一般比较窄，教师在两行座位中间走动比较困难，不方便教师在沙盘模拟教学中巡视指导，师生之间的交流存在一定的阻碍，一定程度上影响教师控场，从而影响教学效果。

（二）纵向排列

纵向排列的座位示意图及实物图如图 3-3 和图 3-4 所示。

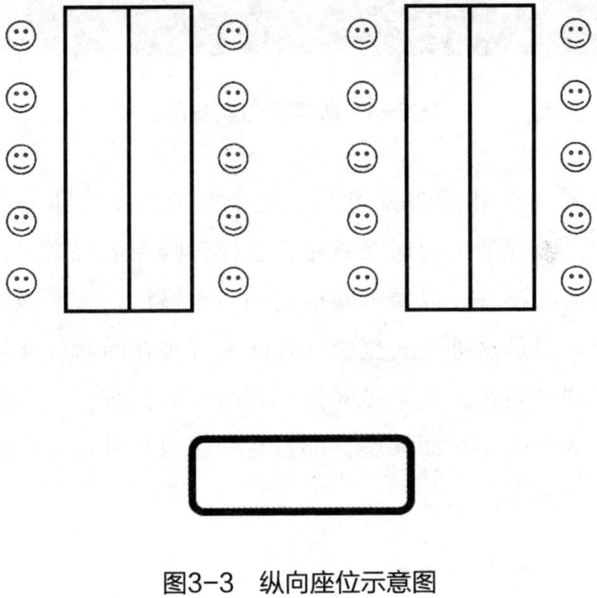

图3-3 纵向座位示意图

图3-4　纵向座位实物图

由图 3-3 和图 3-4 可知，这个类型的座位布局是纵向排列的，两列学生面对面就座，这样教师在巡视时可以看到每位学生的屏幕，以便观察他们的沙盘操作，方便教师控场与指导。但是这种方式也会存在同一列坐在前后的学生互动不够便利的问题。如果纵向每一列座位数比较多，不同的小组并排就座或面对面就座，都容易使组内成员讨论交流时受到其他组的干扰。

（三）圆桌式排列

圆桌式排列示意图及实物图如图 3-5 和图 3-6 所示。

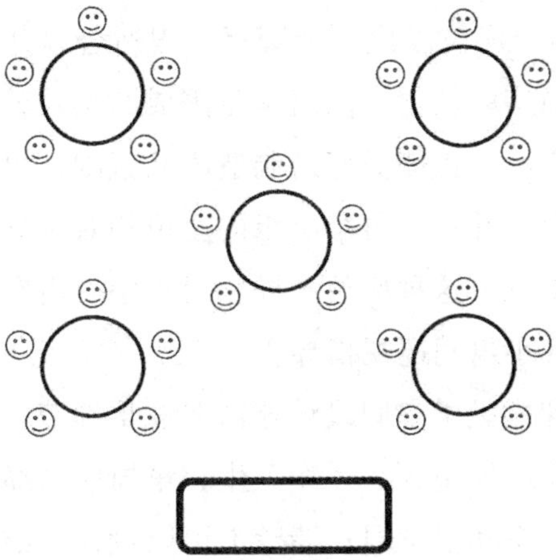

图3-5　圆桌式座位示意图

图3-6　圆桌式座位实物图

由图 3-5 和图 3-6 可知，这个类型的座位布局是圆桌形的，5 ～ 6 个座位围成一个圆桌，很适合以几个学生为一组的沙盘模拟实验教学。同组学生围成圆桌式就座，不仅方便小组讨论交流，也能更好地制造团队氛围，更容易让学生形成团队意识。并且，每个小组的座位相对独立，不易产生组间的相互干扰。这种座位布局相对集中，占空间较小，也便于教师在各小组间巡视指导。

此外，课堂教学空间设计还需要注重细节。例如，教室内摆放的物件应该整齐、干净卫生，桌椅应洁净、舒适，让学生在舒适的空间里学习；墙壁上可以设计与财经素养、沙盘模拟相关的宣传栏，以打造财经素养的学习氛围，激发学生的学习兴趣；教室窗帘的拉拽、光线的调节、温度的控制等都是应当注重的细节。

综上所述，课堂教学空间设计是一个需要注重的环节。合理的教学空间设计可以使课堂更加有序、高效，也能够提高学生的学习热情和积极性，使教学效果得到最大化的发挥。

二、课堂教学氛围营造

教学环境设计不光包括课堂教学空间布局，还包括教学氛围的营造。课堂是教学最主要、最直接的场所，课堂教学氛围是影响教学的最首要的环境因素。因此，教师应该充分发挥本身的能动作用，在课堂上为学生营造一个良好的学习氛围。好的课堂教学氛围是由许多方面因素综合作用形成的，如师生关系、教学活动、学习行为等，具体如下。

（一）建立心理相容的师生关系

师生关系建立在相互尊重、理解、信任和关爱的基础上，它是课堂教学氛围的重要组成部分。在良好的师生关系中，教师和学生应是心理相容的。教师应尊重学生的人格，从学生的角度去考虑问题，与学生友好相处，让学生能够在课堂上减少紧张感和压抑感，以轻松愉快的状态参与课程并投入教学活动。同时，教师应加强与学生的交流，增进相互理解和情感投入，让课堂教学不仅能够进行知识与智慧的分享，更能进行思想与价值观的沟通。这对于学生财经素养的培养是十分有益的。

（二）坚持包容鼓励的教学活动

教学活动是师生的双向多边交流，教师与学生在课堂上共同经历学习过程，教学相长。因此，教师应当注重教学民主，应以理服人，而不是以势压人。课堂上，教师应耐心地听取学生的不同见解，采取尊重包容的态度，鼓励学生积极思考，大胆表达自己的思想和见解，激发学生对于学习主动探究与创新的积极性。另外，教师要学会赏识每一位学生，对他们的学习态度、学习行为、学习成果适时给予鼓励和赞扬，让他们感受到自我价值，给他们提供正能量，提升他们的自信心和积极向上的动力。

（三）协助建立良好的学生之间的关系和学习行为

学生之间的相处方式、协作精神及他们的学习行为也是影响课堂教学氛围的重要因素。学生好的学习习惯和行为，如对课堂纪律和礼仪的遵守，能够帮助营造良好的课堂教学氛围。沙盘模拟实验教学的大部分时间由学生自主进行实训操作，但这并不意味着教师可以放松对学生的学习行为管理，相反，教师应更有效地管理学生的学习行为，这样才能更好地推进教学进程。同时，沙盘模拟注重协作，教师应当帮助协调学生间的相互交流，使他们充分发挥协作精神，让财经素养沙盘模拟实验教学在友好、协作的氛围下顺利开展。

第五节　大学生财经素养教育沙盘模拟实验教学语言设计

教学是一个信息传递的过程，信息传递的主要载体是教学语言，教师在教学过程中运用什么样的语言直接影响信息的传递效果，从而影响教学效果。大学生财经素养教育沙盘模拟实验教学的语言需要针对学生的学习需求、心理特点以及话语体系，并结合财经素养和沙盘模拟的教学特点来进行设计，这样才能让教学语言成为一个好的信息载体，将财经知识与观念更好地传递给学生。大学生财经素养教育沙盘模拟实验教学中，教学语言应注意以下几个方面。

一、语言表述准确、专业

沙盘模拟的规则很多，且财经素养又颇具专业性，教师在教学过程中需要将财经知识的基本概念、基本原理、基本事实传递给学生，这就要求教师的语言表述应当准确、专业。首先，语言表述应当准确。如果教师在课堂上讲解基本概念、基本原理的时候表述不准确，就会影响学生对知识的理解，也就无法使学生将知识运用于实践。其次，语言表述应当专业。财经素养的专业性决定了教师在教学中必须运用规范的财经专业术语，即用专业的词汇向学生解释概念、阐述原理，提升学生对于财经知识的理解层次。

二、语言逻辑清晰、严密

财经素养的教学内容构成了一个有逻辑的体系，每个知识、技能与观念之间都有其内在的逻辑联系，加之沙盘模拟的规则较多且环环相扣，因此大学生财经素养教育沙盘模拟实验教学语言的逻辑性相当重要。首先，教师应当思路清晰，理顺沙盘模拟的规则和各个环节的条理，并将其清晰地表达给学生。如果教师的语言表述混乱，学生就难以学得明白，在沙盘模拟时将会无所适从。其次，教师要向学生揭示财经活动的内在逻辑，向学生充分说明沙盘模拟的决策与结果间的联系，阐述财经现象与结论之间的因果关系，用语言帮助学生形成财经素养的逻辑体系。

三、语言表达简洁、凝练

沙盘模拟实验教学要留有足够的时间让学生进行讨论、操作、反思，因此教师在进行必要的讲授时，语言应尽量简洁、凝练，散乱、烦琐的语言只会降低学生的学习兴趣，影响他们对于信息的理解，更会使有限的课堂教学时间得不到充分利用，从而影响教学效果。教师在沙盘模拟小组间巡回指导时，语言应当做到有的放矢，高效地实现信息传递，推动学生沙盘模拟的运行。

四、语言方式注重启发

任何教学语言的运用，都会受到教学指导思想的支配。由前述可知，大学生财经素养教育沙盘模拟实验教学应以引导学生思考为主。在教学设计中贯彻启发式教学，就应当把启发式渗透于教学语言之中。教学语言可以通过提问启发、对比启发、实例启发等方式，引起学生的学习兴趣，调动学生自主思考，引导学生举一反三。这对于学生财经素养的延伸和扩展来说是十分重要的。

第六节　大学生财经素养教育沙盘模拟实验教学应注意的其他问题

一、重视课堂教学时间管理

教师实施教学设计方案的主要渠道是课堂教学，因此课堂教学管理对教学质量有着直接的影响。而课堂教学时间管理又是课堂教学管理至关重要的一环。教师需要合理安排时间，有效把控教学节奏，让学生在有限的时间内获取更多的知识。

一次好的课堂教学，应当是张弛有度、有密有疏、详略得当的。这就要求教师在教学过程中合理分配时间。沙盘模拟的环节很多，学生在自主操作的时候很容易在某个环节中投入过多时间而导致其他重要环节被忽略。因此，教师不光要在课前制订教学计划，还要在课堂中灵活合理地安排各环节的时间。另外，在学生自主操作的时间里，教师要注意在各小组间巡回观察和指导，收集学生的反馈信息，以便随时掌握各组学生的学习进度，对进度偏慢的小组及时进行提醒和督促，引导学生合理利用时间完成任务，从而使任务质量和效率更高。遇到意外情况时，教师要及时采取相应措施，避免正常的教学节奏被干扰，这样才能够在保证效率的前提下完成预期的教学目标，达到预期的教学效果。

二、动态实施教学设计

教师在进行教学设计时应设想好课堂上的教师活动与学生活动，这是一种预设。但教学情境不是一成不变的，因此事先的预设很难完全实现。因此，教师应当用动态生成的观点来看待课堂教学，根据教学情境的变化动态地实施教学设计。

第一，预设应细致。实际教学过程中有可能会出现很多不同的情境，进行沙盘模拟时，每组学生的不同决策也会生成不同的结果。为了达到更好的教学效果，教师在进行教学设计时应该充分估计可能出现的情况和问题，并提前做好预防，多做事前准备，将教学过程考虑得细致一点，这样才能够在教学实施过程中自如地处理各种意外事件，提升自己的教学应变能力。

第二，处理好预设与生成的关系。教师在实施教学设计时，不用过分纠结是否走完了预设的教学程序以及学生是否做出了预定的回答等。若过分拘泥于预设的固定程式，实质上是以教代学，忽视了学生的自主建构，这样的教学是缺乏交互性的，会限制学生学习主体性的发挥。事先的教学设计不管再如何细致和充分，都只是对课堂教学的一个大致规划，不能对课堂情境进行所有预设。教学设计的实施应根据实际生成的教学情境来动态调整。学生是带有独立思维的教学活动主体，他们在学习过程中会产生很多不同的想法，可能会在回答问题时出现一些出乎意料的答案，也可能会对某些理论提出疑问，所以生成性资源的产生是必然的，而且这些生成性资源有时候可以超越教师的思维，因此十分宝贵。教师不应将教学中超出预设的情境视为“节外生枝”，而应善于开发和利用这些生成性资源，因势利导，尊重学生的主动性、探究性、差异性，循着学生的思维变化动态地实施教学设计。

三、进行多样化指导

财经素养沙盘模拟实验教学的教学活动是以学生为中心的，旨在通过教学活动主客体的相互作用使学生建构自己对财经知识的理解。而学生是存在个体差异的，不同个体的经验、背景不同，建构经验的方式也不同，因此即使对于同一个财经活动，每个学生的理解也不一样。加之沙盘模拟实验教学会将学生分成若干个小组，每个小组在沙盘模拟时做出的决策不一样，所遇到的财经问题也不尽相同。因此，教师在教学中应针对学生的个体性和小组的差异性来提供多样化的指导。例如，对于不做规划、拍脑袋决策的小组，要强调财务长远规划、安全运营才能实现可持续增长的观念；对于过度投资导致模拟运营的企业破产的小组，要强调投资规划与资源配置的重要性。这样才能保证教学活动对于每个学生都是有效的，真正做到教学以学生为中心。

第七节　大学生财经素养教育沙盘模拟实验教学设计实例

我们以沙盘团队组建环节财经素养教育教学设计为例进行介绍。

一、沙盘模拟环节与财经素养教育融合分析

在沙盘模拟的最开始，需要将学生 4 ～ 6 人为一组组建团队，每个团队需模拟创办企业以便进行后续的模拟经营。在 ERP 企业经营沙盘模拟中，采用的是简化了的企业组织结构。组织结构中有几个主要的职务代表，包括总经理、财务总监、营销总监、生产总监、采购总监等。角色定位与主要职责如表 3–2 所示。

表3–2　沙盘模拟企业角色定位与主要职责

角　色	角色定位与主要职责
总经理	角色定位：企业经营管理团队的核心负责人
	主要职责：主持企业日常经营管理活动，制定企业总体战略与年度经营方案，管理与协调企业经营团队，进行全面预算管理，进行企业绩效分析等

（续表）

角　色	角色定位与主要职责
财务总监	角色定位：企业财务负责人，全面负责企业的财务相关工作
	主要职责：负责企业日常资金收支管理，进行财务分析，协助制订企业整体财务计划，编制资金预算，进行企业资金预测、筹集和监控，控制企业成本费用，负责财务记账及财务报告编制等
营销总监	角色定位：企业营销负责人，负责企业的产品营销相关工作
	主要职责：进行市场分析，制定市场发展计划和营销方案，确定各年度广告费投入，参加订货会，协助总经理进行市场开发、产品投入、ISO认证等决策
生产总监	角色定位：企业生产负责人，负责企业的生产业务相关工作
	主要职责：负责制订企业生产计划和生产线投资计划，规划配置生产资源，以保证订单及时交货，协助总经理进行产品研发、ISO质量认证等，制订物料需求计划，负责库存管理
采购总监	角色定位：企业采购负责人，负责企业的物料采购相关工作
	主要职责：根据生产订单制订原材料采购计划，与供应商签订采购合同并按期付款，与财务协调决策采购支付方案，负责原材料管理与采购成本控制等

《中国财经素养教育标准框架》里“收入与消费”维度的结构一“劳动与个人收入”中，要求大学生了解职业的选择与机会成本、了解创业的目标；“储蓄与投资”维度的结构三“投资与收益”中，要求大学生了解大学生创业的相关政策。ERP 沙盘模拟实验的团队组建和角色选择阶段，是融入这几个教学目标的较好的选择。

二、学情分析

团队组建环节是ERP沙盘模拟的准备环节，刚开始接触ERP沙盘模拟，学生对其还不甚了解，因此教师要注重引导，让学生认知企业的组织结构、了解各个角色的岗位职责，以便很好地进入沙盘模拟的角色。对于大学生来说，他们走出校门要做出的第一个重大抉择就是择业。近年来，很多高校实行扩招，能够受到高等教育的学生人数不断增加，而整个社会层面上的用工需求是有限的，大学毕业生数量的增长就导致了就业问题日益凸显。因此，在财经素养教学中应培养学生从经济学的角度去考虑职业选择的问题，让他们学会分析职业选择的成本和机会成本，帮助他们在就业时做出理性选择。另外，不少学生有创业的想法，但是真正能够创业成功的只占很小的比例，究其原因，对于创业的条件、政策等的了解有待增加是其中不可忽视的一方面，因此在教学中也要注意这方面的引导。

三、财经素养教学目标

（一）知识目标

让学生了解职业的选择与机会成本，了解创业及其基本条件，了解大学生创业的相关政策，了解我国社会保险相关政策和规定。

（二）能力目标

让学生通过 ERP 沙盘模拟的角色选择，对不同职业的成本及机会成本进行分析，能够撰写初步的实业投资商务计划书，能够掌握“五险一金”或福利待遇的政策。

（三）思维素质目标

让学生能够根据从就业、事业规划和个人特长与爱好等多方面比较职业选择的成本、收入和利弊，能够考虑自身对于创业的风险承受能力，形成良好的就业与创业观念，了解社会保险的存在是国家、社会、个人共同对抗经济风险的手段，形成良好的风险和保险观念。

（四）思政目标

让学生深入体会团结协作的精神，以及自由、平等的社会主义核心价值观。

四、教学分析

（一）教学重点

职业的选择是教学重点。

（二）教学难点

如何分析职业成本及机会成本是教学难点。

（三）教学活动策略

1. 教师做好引导者

团队组建是 ERP 沙盘模拟的第一环节，教师引导者的角色尤为重要，要结合学生的实际，将沙盘模拟的目的、沙盘模拟企业的组织结构和职业角色清晰地传达给学生，帮助学生厘清脉络，引导学生很好地完成团队组建和职业选择，并在此过程中获取财经知识、技能和观念。

2. 学生独立操作

教师在进行必要的介绍和引导后，留出足够的时间让学生独立地去组建团队、选择职业、录入信息以及进行其他相关操作。

3. 注重师生互动

让学生独立操作并不是放任不管，教师与学生之间的互动在 ERP 沙盘模拟的教学中是至关重要的，因此教师要随时观察学生的活动，关注他们的需求，对他们进行必要的指导和帮助。这个互动不仅包括课中的互动，还包括课前和课后的互动，这样才能更好地帮助学生完成沙盘模拟实训任务。

五、教学准备

教师学准备 ERP 电子沙盘、计算机设备和讲解课件。

六、教学内容设计

（一）课前

学习内容：观看 ERP 沙盘模拟的相关视频，对 ERP 沙盘模拟有大致的了解。

学习目标：了解 ERP 沙盘模拟。

（二）课中

学习内容：ERP 沙盘模拟实训简介，沙盘模拟企业的组织结构；分组并确定本组企业的名称、目标、宗旨、经营理念等，组内进行角色选择和分工，明确各个角色的岗位职责，进行就职演说。

学习目标：认知企业的组织结构，了解各个职业的岗位职责，对职业的选择进行利弊分析、成本分析，体验模拟创办企业。

（三）课后

学习内容：在网络上搜索一份实业投资商务计划书并阅览。

学习目标：拓展创业投资的相关知识。

七、教学过程设计

（一）课前

【教师活动】给学生发送 ERP 沙盘模拟的相关视频。

【计划的学生活动】观看 ERP 沙盘模拟的相关视频，大致了解 ERP 沙盘模拟，对课堂活动进行预习。

【设计意图】让学生提前对课堂活动进行大致的了解，有助于快速融入课堂，提高课堂学习效率。

（二）课中

1. 课程导入

【教师活动】教师对 ERP 沙盘模拟进行介绍，向学生说明 ERP 沙盘模拟实训大致的活动以及学习的目标，讲解沙盘模拟企业的组织结构以及各岗位的职责（图 3-7），向学生演示 ERP 沙盘系统的登录流程（图 3-8）。

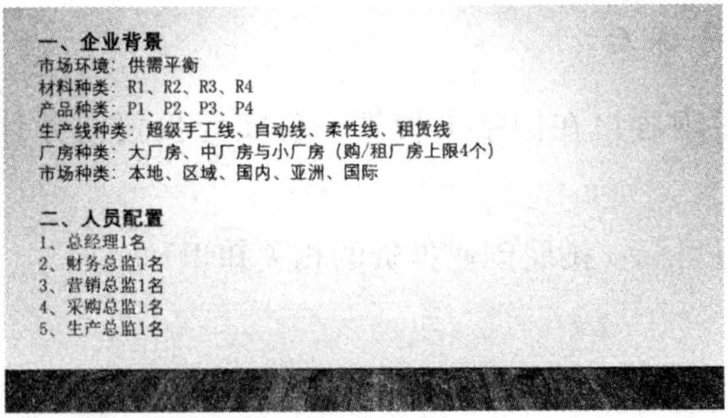

图3-7　ERP沙盘模拟简介PPT展示图例

图3-8　ERP沙盘模拟系统登录界面图示

【计划的学生活动】听教师讲解，观看教师演示，结合课前观看的视频资料，明确沙盘模拟要进行的活动和要学习的内容，认知沙盘模拟企业的组织结构以及各岗位的职责，掌握 ERP 沙盘系统的登录流程。

【设计意图】通过讲解让学生了解相关知识，为后续的沙盘模拟实训活动奠定基础。

2. 组建团队

【教师活动】给学生布置本环节的实训任务。

任务一：让学生 4 ~ 6 人为一组，自由组队，每组模拟创办自己的企业，确定企业的名称、宗旨、经营理念，为自己的企业设定一个口号，并要求每组学生上网搜索至少一条关于大学生创业的国家政策或地方政策。

任务二：组内成员根据 ERP 沙盘模拟中设置的总经理、财务总监、营销总监、生产总监、采购总监等角色及其岗位职责进行分工、竞聘，要求学生在选择职业角色的时候考虑自己的爱好和特长，并分析自己选择这个职业需要投入什么成本以及是否存在机会成本，分析选择这个职业有何利弊，以便在后续的就职演说上进行分享。在学生完成任务的过程中，教师要注意观察学生，以便了解学生的学习情况，关注学生需求，及时为学生提供学习帮助。

【计划的学生活动】按照教师布置的实训任务自由组建团队，组队后组员共同商议企业的名称，确定企业的目标、宗旨和经营理念等，设定企业的口号。组员进行分工后，先通过推举或者竞聘的方式选出各组的总经理，再进行其他职务的分工。进行其他职务分工时先由组员自荐，如果多名学生选择了相同的职务，则由各组自己决定竞聘方式。组员共同上网搜索关于大学生创业的相关政策，或由总经理安排特定组员完成此项任务，见图 3-9。

图3-9　学生进行ERP沙盘模拟实训任务操作

【设计意图】让学生自主完成实训任务，发挥获取知识和技能的主观能动性。在组建团队的过程中，学生可以体会到团队协作的重要性。在选择职业角色时，应引导学生考虑自己的爱好和特长、学会分析职业成本和职业利弊，让学生形成良好的就业观念，以减少学生在实际就业时可能出现的迷茫感。要求学生上网搜索至少一条关于大学生创业的国家政策或地方政策，以增进他们对于创业方面的了解。

3. 就职演说及分享

【教师活动 1】学生组建团队完毕后，组织每组学生分享本组企业的名称、目标、宗旨、经营理念等相关信息，并喊出企业的口号，每个企业的 CEO 进行就职演说。教师再从每组成员中随机指定 1 ～ 2 人进行就业分享，分享内容包括为什么选择这个职业角色、选择这个职业角色需要投入或者放弃什么、可以得到什么、有何利弊等；要求每组推选一名成员分享刚才搜索到的大学生创业的政策。教师对学生的活动进行点评，强调每个企业能够正常运转的前提是团队协作。点评后向学生提出问题：自食其力赚取收入，代表着一个人进入了社会独立生活，而不同的职业的收入不一样，会不会影响人与人之间的平等？

【计划的学生活动 1】每个企业经营团队的 CEO 跟大家介绍本组的企业，进行就职演说，组员进行就业分享；每组跟大家分享刚才搜索到的大学生创业政策；每个学生分享对教师所提问题的看法。

【设计意图 1】通过点评学生的就职演说和就业分享，纠正他们在就业观念中的偏颇之处，引导学生形成良好的职业选择观念。通过教学提问让学生思考财富与个体尊严的关系，引导学生形成良好的财富观，培养自由、平等的社会主义核心价值观。通过点评学生的回答，引导学生了解人与人之间是平等的，收入的多少并不影响个体成为有尊严的社会人。

【教师活动 2】给学生提出问题：现在大家已经在企业就职了，企业除了应该给大家发工资，还应该提供什么福利待遇？

【计划的学生活动 2】学生讨论并分享。

【设计意图 2】向学生讲解“五险一金”是用人单位应当给予劳动者的几种保障性待遇，是国家、社会、个人共同对抗经济风险的手段，让学生了解我国社会保险的相关政策及其重要性，形成良好的风险与保险观念。

4. 沙盘信息录入

【教师活动】组织学生将企业名称、目标、企业各职业角色等信息录入 ERP 沙盘模拟系统里，完成企业创立。

【计划的学生活动】登录 ERP 沙盘模拟系统，录入相关信息，完成本组的企业创立模拟实训任务，见图 3-10。

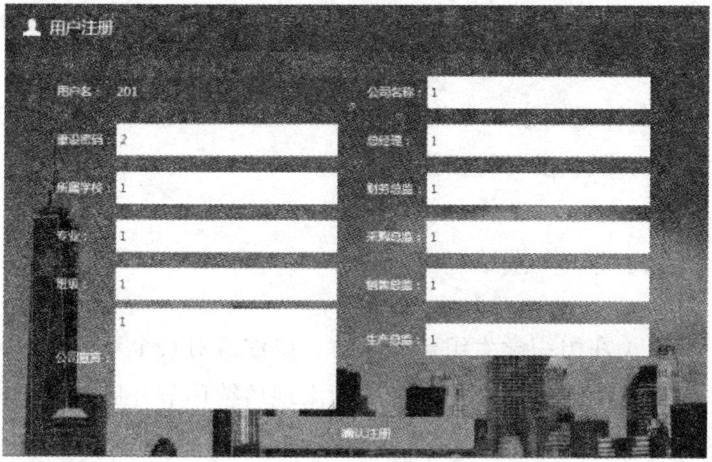

图3-10　ERP沙盘模拟系统企业注册界面图

【设计意图】让学生在 ERP 沙盘模拟系统中完成企业创立，以便进行后续的企业经营模拟实训。

5. 归纳总结

【教师活动】教师对本次沙盘模拟实训活动进行归纳，带领学生进行反思与经验总结。

【计划的学生活动】学生思考和感悟。

【设计意图】让学生回顾本次课程，消化相关的知识，强化记忆，并内化为自己的经验。

（三）课后

【教师活动】给学生布置课后任务，要求其在网络上搜索一份实业投资商务计划书并阅览学习。

【计划的学生活动】完成实业投资商务计划书的搜索和学习。

【设计意图】让学生了解实业投资商务计划书的撰写过程，拓展创业投资的相关知识。

八、教学总结

（1）在组织学生组建团队时，要注意对每个环节的时间掌控，避免因时间安排不合理而出现后续环节开展时间不充足的问题。

（2）在学生活动过程中，应注意观察每组团队，及时提供必要的引导和帮助。

（3）在学生分享看法之后，教师要及时进行点评，对学生的回答要持开放和包容的心态，对于好的观点和看法应给予肯定，对于偏离了正确价值观的看法应给予引导，帮助学生形成良好的财经观念和态度。

（4）在归纳总结时，要带领学生梳理知识脉络，形成学习经验，以收到良好的学习效果。

第四章　大学生财经素养教育沙盘模拟实验教学实践

一、教学实践目的及对象

大学生财经素养教育沙盘模拟实验教学实践的目的是通过在大学课堂上应用沙盘模拟进行教学，研究沙盘模拟实验教学是否有助于提升大学生财经素养。在对沙盘模拟实验教学进行财经素养相关教学设计的基础上，本书以广西一所普通本科院校经济与管理学院财务管理专业财务对口 191 班的学生（58 人）为对象进行了实践，相关的问卷调查如附录 1 和附录 2 所示。

二、学情分析与教学实施过程

财务对口 191 班学生为 2019 年入学，基本学制 4 年，弹性学习年限 3 ～ 6 年，专业人才培养方案按基本学制 4 年制订。按照专业人才培养方案，第 6 学期设置“ERP 模拟实训”课程，其作为该专业学生的一门综合实践课程，总共 32 学时，均为实验 / 实训课时，为 1 学分。财经素养教育沙盘模拟实验教学依托“ERP 模拟实训”课程进行实践，根据财经素养教育沙盘模拟实验教学设计，在“ERP 模拟实训”课程中适时融入财经素养教育，注重引导学生通过 ERP 沙盘模拟实训提升自身的财经素养。

研究对象作为 4 年制本科大三学生，已经具备一定的财经基础知识。从知识储备上来说，他们已经完成了财务管理、会计学、金融学、经济学等基础知识的学习，这是他们在学习上的优势。但是他们运用理论知识解决实际问题的能力还有待加强，偶尔对学习也有些倦怠心理。从心理状态上来说，他们已经有较成熟的自我意识，对未来有大致的规划，追求更深层次的知识，但是对于财经活动具体实践的认识和体会还有待增强。根据学生们的上述特征，教师在进行沙盘模拟实验教学时应更注重学生的自主性，作为引导者引领学生在沙盘模拟过程中自己思考问题、解决问题，提高学生对于财经活动的体验性和实践能力，帮助他们将财经知识内化为学习经验。

三、教学实践的效果分析

（一）教学效果评价量表分析

1. 评价量表的设计与发放

在一个学期的教学实践后，为了评价沙盘模拟实验教学是否有助于提升学生的财经素养，本书参考李克特五级量表，从兴趣、主动性、获取知识、提高技能、形成观念 5 个方面设计了调查问卷发放给研究对象进行填写（具体调查问卷如附录 2 所示），以分析教学的效果。调查问卷发放 58 份，收回有效填写问卷 47 份，有效回收率 81.03%。

2. 评价量表的结果与分析

（1）信效度分析。本次量表运用 SPSS26.0 软件进行了信效度分析。

用克隆巴赫 α 系数估计上述量表的内部一致性信度，结果如表 4-1 所示。

表4-1　教学效果评价量表信度检验结果

克隆巴赫 α	基于标准化项的克隆巴赫 α	项　数
0.966	0.966	5

一般情况下，克隆巴赫 α 系数要大于等于 0.6，内部一致性信度才是可接受的，即 0.7 ～ 0.9 信度良好，0.9 以上信度优秀。本量表克隆巴赫 α 系数为 0.966，表示量表具有很高的内在一致性，具有很好的信度。

教学效果评价量表效度分析结果如表 4-2 所示。

表4-2　教学效果评价量表效度分析结果

KMO 取样适切性量数		0.846
巴特利特球形度检验	近似卡方	300.812
	自由度	10
	显著性	0.000

通过 KMO 和巴特利特球形度检验可知，KMO 值为 0.846，巴特利特检验 $P < 0.05$，说明量表效度较好。

（2）评价量表结果分析。

①学生学习兴趣效果分析结果如表 4-3 所示。

表4-3　学生学习兴趣效果分析结果

内　容	选　项	频　次	百分比 /%
在ERP沙盘模拟实训中，你获取财经知识和技能的兴趣有所提高	完全不同意	2	4.26
	不太同意	3	6.38
	一般	16	34.04
	比较同意	24	51.06
	完全同意	2	4.26
有效填写人次	47		

由表 4–3 可知，89.36% 的学生认为，通过 ERP 沙盘模拟实训教学，获取财经知识和技能的兴趣有所提高。兴趣在学生的财经知识和技能学习中有着很重要的意义，它可以激发学生的求知欲，消除学生的学习倦怠心理，让学生产生愉快而紧张的心理，有利于学生集中注意力、明确目标，自觉克服困难去实现学习目标。

②学生学习主动性效果分析结果如表 4–4 所示。

表4-4　学生学习主动性效果分析结果

内　容	选　项	频　次	百分比 /%
在ERP沙盘模拟实训中，你获取财经知识和技能的主动性有所提高	完全不同意	2	4.26
	不太同意	2	4.26
	一般	16	34.04
	比较同意	25	53.19
	完全同意	2	4.26
有效填写人次	47		

由表 4-4 可知，91.49% 的学生认为，通过 ERP 沙盘模拟实训教学，获取财经知识和技能的主动性有所提高。学习需要外力推动，对于财经知识和技能的学习也是这样。要提高学生学习的主动性，让学生驱动自身去学习，把学习财经知识和技能作为自觉自愿的行动，以收到更好的学习效果。

③学生对财经知识理解的提升分析结果如表 4-5 所示。

表4-5　学生对财经知识理解的提升分析结果

内　容	选　项	频　次	百分比 /%
通过 ERP 沙盘模拟实训，你对相关财经知识的理解有所提升	完全不同意	3	6.38
	不太同意	1	2.13
	一般	16	34.04
	比较同意	24	51.06
	完全同意	3	6.38
有效填写人次	47		

由表 4-5 可知，91.48% 的学生认为通过 ERP 沙盘模拟实训教学，自身对于相关财经知识的理解有所提升。“了解知识与事实”是《中国财经素养教育标准框架》提出的“五维三标”中的第一个目标。学生能够正确理解财经知识，才能更好地识记和掌握知识，才能更好地将知识运用于实践，从而掌握财经技能。理解知识是学生能够真正掌握财经知识的首要环节，从一定程度上说，对于财经知识的理解是有效达到“获取方法与技能”“形成观念与态度”目标的基础。

④学生的财经技能的提升分析结果如表 4–6 所示。

表4–6　学生的财经技能的提升分析结果

内　容	选　项	频　次	百分比 /%
通过 ERP 沙盘模拟实训，你的财经技能有所提升	完全不同意	2	4.26
	不太同意	3	6.38
	一般	16	34.04
	比较同意	22	46.81
	完全同意	4	8.51
有效填写人次	47		

由表 4–6 可知，89.36% 的学生认为，通过 ERP 沙盘模拟实训教学，自身的财经技能有所提升。“获取方法与技能”是《中国财经素养教育标准框架》提出的“五维三标”中的第二个目标。所谓技能，是指个体运用已有的知识经验，通过练习而形成的一定动作方式或智力活动方式。这意味着技能的形成是需要练习的。ERP 沙盘模拟实训为学生提供了练习的平台和机会。财经素养作为一种与现实生活紧密联系的素养，其实践性不容忽视。如果学生只是理解了知识，但是不能将知识转化为解决实际财经问题的技能，那么财经素养的培养是不成功的。

⑤学生的财经观念和态度的提升分析结果如表 4–7 所示。

表4-7　学生的财经观念和态度的提升分析结果

内　容	选　项	频　次	百分比 /%
通过 ERP 沙盘模拟实训，你的财经观念和态度有所提升	完全不同意	2	4.26
	不太同意	3	6.38
	一般	15	31.91
	比较同意	25	53.19
	完全同意	2	4.26
有效填写人次	47		

由表 4-7 可知，89.36% 的学生认为，通过 ERP 沙盘模拟实训教学，其财经观念和态度有所提升。“形成观念和态度”是《中国财经素养教育标准框架》提出的“五维三标”中的第三个目标，这是对财经素养教育要达到的精神层面的目标要求。它要求财经素养教育不仅让受教育者理解财经知识、获取财经技能，还让受教育者形成财经方面的认识和觉悟。观念是意识形态的表达，主体做出的行为是何种性质是由主体的观念决定的，有什么样的观念，就有什么样的行为。因此，只有让大学生形成了正确的财经观念和态度，才能做出正确的财经行为。

（3）各项间相关性分析结果如表 4-8 所示。

表4-8　项间相关性分析结果

项间相关性矩阵	在ERP沙盘模拟实训中，你获取财经知识和技能的兴趣有所提高	在ERP沙盘模拟实训中，你获取财经知识和技能的主动性有所提高	通过ERP沙盘模拟实训，你对相关财经知识的理解有所提升	通过ERP沙盘模拟实训，你的财经技能有所提升	通过ERP沙盘模拟实训，你的财经观念与态度有所提升
在ERP沙盘模拟实训中，你获取财经知识和技能的兴趣有所提高	1.000	0.940	0.834	0.834	0.807
在ERP沙盘模拟实训中，你获取财经知识和技能的主动性有所提高	0.940	1.000	0.859	0.830	0.802
通过ERP沙盘模拟实训，你对相关财经知识的理解有所提升	0.834	0.859	1.000	0.921	0.820
通过ERP沙盘模拟实训，你的财经技能有所提升	0.834	0.830	0.921	1.000	0.848
通过ERP沙盘模拟实训，你的财经观念与态度有所提升	0.807	0.802	0.820	0.848	1.000

由表 4-8 可知，财经素养学习兴趣、主动性、获取知识、提高技能、形成观念 5 个方面存在显著性相关，且均为正相关。

（二）研究对象财经素养培养情况分析

经过一个学期的教学实践，下面需要对实验班级学生的财经素养教育效果进行分析。教学实践是依托“ERP 模拟实训”课程进行的，但“ERP 模拟实训”课程的考核方式不能很好地突出和体现学生的财经素养情况。因此，本书设计了调查问卷，对研究对象的财经素养情况进行测评。测评调查问卷设置了 16 道财经素养方面的单项选择题，覆盖《中国财经素养教育标准框架》提出的“收入与消费”“储蓄与投资”“风险与保险”“制度与环境”“财富与人生”5 个维度。每道题分值 5 分，根据学生答题情况分别赋 0 ～ 5 分，总分 80 分，测评调查问卷如附录 1 所示。测评调查问卷发放给实验班级财务对口 191 班的学生填写。同时为了有所对照，本书将财务专升本 211 班作为对照班级，该班级学生人数 63 人。两个班级都是下一年就面临毕业的财务管理专业的班级，但财务专升本 211 班未通过“ERP 模拟实训”进行财经素养教育相关教学。将财经素养情况测评调查问卷同时发放这给两个班级的学生填写。实验班级人数 58 人，对照班级人数 63 人，发放问卷份数 121 份，收回有效填写份数 100 份，其中实验班级 47 份，对照班级 53 份，回收率 82.64%。利用 SPSS26.0 软件进行相关分析。

1. 信效度检验

用克隆巴赫 α 系数估计上述量表的内部一致性信度，结果如表 4-9 所示。

表4-9 测评调查问卷信度检验结果

克隆巴赫 α	基于标准化项的克隆巴赫 α	项 数
0.733	0.732	6

由表 4-9 可知，克隆巴赫 α 系数为 0.732，说明信度较好。

测评调查问卷效度分析结果如表 4-9 所示。

表4-9 测评调查问卷效度分析结果

KMO 取样适切性量数	0.761	
巴特利特球形度检验	近似卡方	131.855
	自由度	15
	显著性	0.000

由表 4-9 可知，KMO 值为 0.761，巴特利特检验 $P<0.05$，说明量表效度可接受。

2. 测评结果分析

将这两个班级的测评结果分为 5 个维度，利用 SPSS26.0 软件分别对 5 个维度以及总体情况进行分析，结果如表 4-10 和表 4-11 所示。

表4-10　实验班级与对照班级测评结果比较

相关数据	维度一：收入与消费		维度二：储蓄与投资		维度三：风险与保险		维度四：制度与环境		维度五：财富与人生		总　体	
	实验组	对照组	实验组	对照组	实验组	对照组	实验组	对照组	实验组	对照组	实验组	对照组
平均值	13.72	14.34	14.47	13.43	8.89	8.17	6.60	6.49	10.94	10.79	54.62	53.23
标准偏差	2.438	1.709	5.336	5.235	3.402	3.715	1.424	1.636	2.297	3.034	8.704	9.127
中位数	15.00	15.00	15.00	13.00	9.00	9.00	6.00	6.00	12.00	11.00	57.00	53.00
总　和	645	760	680	712	418	433	310	344	514	572	2567	2821
最小值	5	10	5	3	3	1	4	2	4	3	32	25
最大值	15	15	25	24	15	15	10	10	14	15	70	70
范　围	10	5	20	21	12	14	6	8	10	12	38	45
方　差	5.944	2.921	28.472	27.404	11.575	13.798	2.029	2.678	5.278	9.206	75.763	83.294

表4-11　独立样本 t 检验结果

独立样本检验		独立样本检验								
		莱文方差等同性检验		平均值等同性 t 检验						
		F	显著性	t	自由度	显著值（双尾）	平均值差值	标准误差差值	差值 95% 置信区间	
									下限	上限
维度一：收入与消费	假定等方差	9.090	0.003	−1.476	98	0.143	−0.616	0.417	−1.445	0.212
	不假定等方差	—	—	−1.446	81.190	0.152	−0.616	0.426	−1.464	0.232
维度二：储蓄与投资	假定等方差	0.027	0.869	0.977	98	0.331	1.034	1.058	−1.066	3.135
	不假定等方差	—	—	0.976	96.103	0.332	1.034	1.060	−1.069	3.137
维度三：风险与保险	假定等方差	1.271	0.262	1.012	98	0.314	0.724	0.716	−0.696	2.144
	不假定等方差	—	—	1.017	97.890	0.312	0.724	0.712	−0.689	2.136
维度四：制度与环境	假定等方差	0.004	0.952	0.341	98	0.734	0.105	0.309	−0.507	0.718
	不假定等方差	—	—	0.344	97.970	0.732	0.105	0.306	−0.502	0.713
维度五：财富与人生	假定等方差	2.673	0.105	0.264	98	0.792	0.144	0.544	−0.935	1.223
	不假定等方差	—	—	0.269	95.738	0.789	0.144	0.535	−0.918	1.205
总　体	假定等方差	0.058	0.810	0.777	98	0.439	1.391	1.789	−2.160	4.942
	不假定等方差	—	—	0.779	97.466	0.438	1.391	1.784	−2.150	4.932

由表 4-10 可知，实验班的财经素养测评分数是优于对照班的。实验班的平均值、中位数、最小值都明显高于对照班。实验班的标准偏差与方差低于对照班，说明实验班学生的财经素养测评分数较为均衡。

由表 4-11 的独立样本 t 检验结果可知，5 个维度及总体的显著值大于显著性水平 0.05。这说明虽然实验班测评分数优于对照班，但是这个差异不够显著。究其原因主要有二：一是财经素养沙盘模拟实验教学实践效果还需要进一步提升；二是实验班和对照班都是财务管理专业的学生，且这两个班级课程设置相近、学段相近，在财经方面的知识积累相近，财经素养水平本身具有一定的趋同性。若将实验组与对照组都换成非财经相关专业的学生，其测评分数是否会存在显著性差异还有待研究。

（三）教学实践效果分析总结

通过教学效果相关分析结果可知，大学生财经素养教育沙盘模拟实验教学在帮助学生提升对于财经素养的兴趣、主动性、获取知识、提高技能、形成观念 5 个方面都有所助力，对于大学生财经素养的教育起到积极作用。

此次教学实践是对大学生财经素养教育沙盘模拟实验教学的初步尝试，为后续的教学设计和教学实践研究提供了一定的参考依据。同时，此次教学实践的效果表明大学生财经素养教育沙盘模拟实验教学还有很大的进步空间。

第五章　大学生财经素养教育沙盘模拟实验教学设计的局限与改进

第一节 大学生财经素养教育沙盘模拟实验教学设计的局限

我们进行的大学生财经素养教育沙盘模拟实验教学设计是基于ERP沙盘模拟的，ERP沙盘模拟对企业经营管理过程的还原，给学生的财经素养学习带来了一定程度的体验性。然而，因为ERP沙盘模拟在设计初衷上更侧重于企业资源规划，且在还原企业经营管理过程时进行了一定的简化，并不能完全覆盖《中国财经素养教育标准框架》里的教育内容，在用于财经素养教育时还存在一些局限性，现分析如下。

一、未涉及汇率相关的财经知识

在ERP沙盘模拟中，每组企业经营团队需要进行新市场开拓的决策，在本地市场、区域市场、国内市场、亚洲市场、国际市场中进行市场开拓的选择与操作。既然有亚洲市场和国际市场，就应该涉及进出口业务，但是ERP沙盘模拟中没有设置相匹配的外币兑换、外币交易等外币业务，没有汇率折算系统。企业若想走出国门，发展对外业务，进行跨国经营，就必须了解汇率相关问题。对于大学生来说，日常生活中也会接触到外汇业务，如出国留学、旅行需要兑换外汇等。《中国财经素养教育标准框架》中的维度二“储蓄与投资”也提出，大学生应了解“利率、汇率与宏观经济发展及国际金融的关系”，应体会到“汇率变化是反映国际经济发展态势的晴雨表之一，对越开放的市场影响越大”。因此，了解汇率是大学生应当具备的财经素养，而 ERP 沙盘模拟中暂未涉及汇率相关业务，因此在教学设计时难以设置与汇率相关的财经素养教学目标。

二、税收相关的财经内容过于单一

ERP 沙盘模拟中只涉及企业所得税这一个税种，且计算方式相当简单。企业在实际经营时会涉及很多其他的重要税种，如增值税、消费税、印花税等，但是 ERP 沙盘模拟并未提及。税收相关的内容过于单一不利于学生从整体上把握我国的税收制度，更难以对重大税制改革的意义和优劣进行思考。大学生毕业进入社会之后也要独立进行与税务相关的经济活动，如个人所得税的汇算清缴等。因此，大学生应当从多方面了解税收知识，这对他们的社会经济生活是很有助益的。但 ERP 沙盘模拟涉及的税收内容过于单一，教学设计中难以承载更多的税收教育。

三、缺少社会公益的相关内容

ERP沙盘模拟中没有涉及企业的利润分配，每组团队通过模拟经营为企业积累到财富之后，没有体验到企业进行利润分配的过程。在企业实际的经营中，利润分配是一个重要环节，很多企业会将利润的一部分投入公益事业，以落实企业社会责任，这也能在一定程度上为企业树立良好的声誉和形象，从而提升企业竞争力。随着经济社会的不断发展，物质生活逐渐丰富，人们对于财富也越来越关注。大学生作为一个强大的消费群体，是未来社会的建设者，教育和引导他们理智地看待财富并形成正确的财富观是至关重要的。大学生不仅应该学会合理合法地积累财富，也应当学会如何支配并分享财富。《中国财经素养教育标准框架》维度五“财富与人生”中提出，大学生应形成“分享财富、仗义疏财、积极投入社会公益和慈善事业”的财经观念，然而利用ERP沙盘模拟进行大学生财经素养教育时，没能将这一教育目标融入教学设计里。

四、融资方式不够多样化

ERP沙盘模拟给企业提供了短期贷款、长期贷款、资金贴现、库存拍卖这几种融资方式。但是在实际经营中，企业的融资方式是十分多样的，除了前面提到的几种，还有发行债务、发行股票、贸易融资、租赁融资等，且每种方式还有许多细分，其特点与适用性也各不相同。这些融资方式都是大学生就业后或日常生活中会经常接触到的。而在沙盘模拟中，团队在进行融资方式的决策时大多时候只需要考虑是进行长期贷款还是短期贷款，不能体验到根据企业自身情况和未来发展规划进行债务融资、股权融资还是其他方式的决策过程，财经素养的培养有待多样化。

五、缺乏商业保险观念的培养

企业在经营过程中可能会遇到很多风险，很多企业会通过商业保险的方式来转嫁风险以降低企业损失，如财产险、雇主责任险、产品质量责任险、货运险、出口订单保险等。而 ERP 沙盘模拟没有体现出企业的风险多样性和对商业保险进行决策的过程。对于个人来说，在社会生活中不可避免地会接触到很多种类的商业保险，如重疾险、医疗险、意外险、财产险等，个人需要根据自身实际情况对商业保险进行理性选择。商业保险和社会保障都是国家、社会、个人共同对抗经济风险的手段。培养风险意识，能够合理地规划商业保险也是大学生需要具备的财经素养。

第二节　大学生财经素养教育沙盘模拟实验教学设计的改进探索

对沙盘模拟进行一些拓展有助于打破目前大学生财经素养教育沙盘模拟实验教学设计存在的局限性。本节提出一些发展的方向，以促进教学设计的不断改进。

一、在沙盘模拟中加入外汇相关业务

如前所述，ERP 沙盘模拟的新市场开拓中设置了本地市场、区域市场、国内市场、亚洲市场、国际市场，可以考虑对进入亚洲市场和国际市场的经营团队增加涉外业务的外汇兑换、外汇结算等操作，让学生体验汇率折算以及购汇结汇的操作。也可以考虑在沙盘模拟中设置与汇率相关的外部环境，如预期未来年度汇率上升或下降，让学生在这个外部环境中做出决策，选择使用本币进行交易还是使用外币进行交易，让学生学会判断汇率变化给企业带来的风险和机遇。还可以在此基础上增加金融产品和金融衍生产品的业务，如远期外汇、外汇期权、外汇期货等，一方面让学生了解金融产品和金融衍生产品，另一方面让学生学会利用金融产品和金融衍生产品对企业外汇风险进行管理，培养学生的风险意识，让学生了解如何规避风险。

二、在沙盘模拟中加入其他税种的征纳

目前 ERP 沙盘模拟中涉及的税种过于单一，仅涉及企业所得税的缴纳。财经素养教育教学设计可以以企业所得税为契机，融入其他税种的税收知识，但是学生无法通过沙盘进行体验，认知程度可能有限，导致教学的效果不太理想。可以考虑在沙盘模拟中增加其他税种的征纳，如沙盘模拟经营中有销售业务、原材料采购业务，可以在这些环节中加入增值税、印花税等税种的征纳。将其他税种的征纳加入沙盘模拟中，可以让学生体验更贴近实际的税收事务，拓展与税收相关的知识。

三、在沙盘模拟中加入利润分配环节

可以考虑在 ERP 沙盘模拟中加入利润分配环节，并在这个环节中设置社会公益选项，让学生决定是否将企业利润的一部分投入社会公益事业，并确定投入的金额。经营团队如果决定将一部分企业利润投入社会公益事业，将会导致企业所有者权益的减少，影响沙盘的最终排名。企业进行社会公益活动有利于提升企业的声誉，从而增加企业在市场中的竞争力，因此可以考虑在企业参加社会公益的后续年度中给予补偿。补偿的设置要科学合理，如给予额外的现金流补

偿、在选单中给予一定的优先、贷款利息支付给予减免、市场准入费用给予优惠等。通过这样的方式，学生可以在沙盘模拟中体验社会公益的投入过程，增加对于社会公益、慈善事业的关注度，树立正确的财富观。

四、在沙盘模拟中增加融资的方式

目前，ERP 沙盘模拟中的融资方式比较少，可以考虑将发行股票、发行债券、融资租赁等融资方式加入沙盘模拟中。例如，设置好发行股票、发行债券的条件和规则，让符合条件的企业在融资中有更多的选择，在引入生产线时还可以选择融资租赁方式，为资金不足的企业增加发展的机会。通过多种融资方式的体验，大学生可以在教学中获取更丰富的财经知识和技能。

五、在沙盘模拟中增加商业保险业务

在 ERP 沙盘模拟中，可以考虑给模拟经营的企业增加一些外部的风险因素干扰，如意外的财产损失等，让学生在不确定的风险环境中决定是否购买商业保险。这种方式有助于大学生增强风险意识，了解商业保险的功能和意义，从而合理规划是否购买商业保险，提升风险与保险方面的财经素养。

以上拓展想法在一定程度上会增加沙盘模拟的难度，对于财经知识基础比较薄弱的大学生来说操作起来比较困难。

因此，可以考虑根据不同大学生的知识层次来设置不同难度的沙盘模拟环节和规则，以满足不同基础的大学生的财经素养培养需求。

第六章　大学生财经素养教育沙盘模拟实验教学实施的困境与突破

第一节　大学生财经素养教育沙盘模拟实验教学实施的困境

一、师资力量需要进一步增强

（一）教师综合知识方面

沙盘模拟教学涉及生产管理、市场营销、金融、财务管理等多个学科领域的知识，财经素养教育的教学内容也涉及甚广，包括创业、信贷、投资、制度、风险等多个维度，这就要求财经素养教育沙盘模拟教学的指导教师能够熟练掌握和灵活运用宏观经济学、微观经济学、管理学、会计学、金融学等领域的综合专业知识，这样才能在教学过程中不受学科知识限制。因此，教师的知识和思维不能只限定在某个领域上。如果学生求助的问题涉猎较广，教师无法融会贯通地进行引导，不能快速地帮学生发现问题和解决问题，就会使学生的学习受到一定程度的限制。

（二）教师实践经验方面

财经素养教育沙盘模拟实验教学对教师的综合素质要

求较高，教师不仅需要具有多学科的专业理论知识，还需要具有实践经验，以便更好地对学生进行指导。这个实践经验既包括企业实践经验，也包括沙盘模拟的实践经验。王慧等（2022）的研究显示，74.71%的学生希望ERP沙盘模拟课程的教师具有丰富的教学经验，且88.51%的学生希望教师具备企业经营管理实践经验，能够用实践经验来指导教学。目前，学校大多数ERP沙盘模拟实训教师都是在校专任教师，具备经济管理类的高学历教育背景，但是一些教师是毕业后直接进入大学任教，企业工作经历相对较少，因此存在部分教师理论知识较强但实践经验相对缺乏的情况，在沙盘模拟教学中就可能会影响对学生的指导效果，融入财经素养教育不够“接地气”，难以画好理论与实际的连接线。另外，学生在沙盘模拟中会采用不同的策略，教师需要对不同策略下出现的各种情况给予很好的指导，这就要求沙盘模拟的教师有较为丰富的沙盘模拟经验，而这种经验是很难从教材上获取的，必须进行理论实践。

（三）教师团队建设方面

大学生财经素养教育沙盘模拟实验教学的综合性很强，教师在指导过程中可能会遇到一些复杂的问题，这无疑增加了教师教学的难度和工作量。因此，仅仅凭一名教师的个人能力有时是难以应付的，需要多名教师共同协作，才能更好地避免教学中出现知识或技能盲点，也能更好地促进财经素养教育教学形成一个成熟的体系，然后将这个体系以丰富的教学手段和形式应用到教学中。然而，部分高校的沙盘模拟实验教学团队还不够成熟，这也是大学生财经素养教育沙盘模拟实验教学实施中所面临的困境之一。

二、缺乏专门的课程体系

课程体系是大学生财经素养教育沙盘模拟教学常态化实施的基础。如果没有课程体系作为支撑，大学生财经素养教育沙盘模拟教学就没有可以依存的母体，就会成为无本之木。拥有一个课程体系是大学生财经素养教育沙盘模拟教学能够有效实施的前提。张开金（2020）对山东大学、华中农业大学、西南大学、厦门大学4所高校全日制在校本科生财经素养教育的现状进行了问卷调查。调查结果显示，接受调查的大学生群体中，有46.8%的大学生反映大学里所接受的财经素养教育是通过融入其他课程里进行教学，如“马克思主义基本原理概论”中的政治经济学部分；33.2%的大学生反映接触财经素养教育是通过开学教育、财经素养相关讲座等形式，开学教育等宣讲活动更多的是“走过场”，没有引起真正的重视；29.2%的大学生反映接受财经素养教育的形式是专业必修课或专业选修课，如会计学、金融学专业的学生，除专业课接触的知识外，其在通识课或其他课程上接触到的专门的财经素养教育寥寥无几。此外，34.2%的大学生反映在大学阶段没有接触到任何形式的财经素养教育。由此可见，将财经素养教育设置为全校范围的通识课的高校是比较少的。高校经济与管理类专业的培养方案中很多专业设置了 ERP 沙盘模拟实训课程，这些专业的大学生的财经素养教育可以融入 ERP 模拟实训课程中，但是其他专业，如文学类专业、师范类专业等，很少有设置 ERP 模拟实训课程的。没有专门的课程体系，就导致大学生财经素养教育沙盘模拟实验教学缺乏一定的载体。

三、沙盘模拟规则复杂而实训时间有限

如前所述，大学生财经素养教育沙盘模拟实验教学是一种综合性很强的教学活动，不仅要求教师掌握综合知识和技能，还要求学生有较高的综合素质，即学生需要了解财务管理、市场营销、金融学、生产管理等相关知识。目前，应用度较高的 ERP 沙盘模拟实验的规则一般都比较复杂，学生如果没有相应的专业理论知识作为基础，对相关知识没有一定程度的了解或者掌握得不够扎实的话，其对于规则的理解就会比较困难，从而导致在整个沙盘模拟的过程中都比较迷茫，使沙盘模拟教学的开展存在阻碍，无法收到理想的学习效果。而沙盘模拟实训的时间是有限的，如果学生的专业知识储备较少，就需要较多的时间了解和掌握沙盘模拟的规则。这样会导致两种情况：一种情况是学生花很多时间去理解规则，等学生真正了解整体规则后，实训时间可能已经过去大半，没有足够的时间进行沙盘实操；另一种情况是学生放弃详细地去了解规则，而在没有真正了解规则的情况下去

进行沙盘实际操作，就可能会在沙盘实操过程中“拍脑袋”决策。无论是哪种情况，都会影响沙盘模拟的学习效果，使学生的财经素养难以真正地得到提升。

四、沙盘模拟教学实验室建设有待完备

从当前高校ERP沙盘模拟教学实验室的建设情况看，有部分院校还使用物理沙盘模拟实验室。虽然物理沙盘教学氛围很好，便于激发学生学习的积极性，但学生在沙盘模拟期间很容易出现计算错误，导致模拟操作出现失误，从而影响ERP沙盘模拟的整体教学效果。目前，很多院校已经开始采用电子沙盘。电子沙盘通常由盘面和任务导航两部分组成，其盘面和物理沙盘盘面相似，通常在实训机房进行教学。电子沙盘能够很好地避免学生出现计算错误，并且能够提高效率。但是一些院校的实训机房设备比较老旧，存在硬件老化、软件卡顿现象，容易造成学生在沙盘模拟实训的过程中选单、竞单失败，或者出现漏单情况，这也会影响沙盘模拟教学效果。另外，部分高校的实训室数量与电子沙盘模拟实训的端口数量有待增加也是影响教学顺利实施的因素。有的院校实训室的建设偏少，实训课程的安排较为紧张，电子沙盘模拟课程可能无法安排足够的时间，且如果两次课的间隔时间太长的话，也容易造成学生经营规划的思路中断，使原本激烈的竞争气氛淡化，从而影响沙盘模拟的教学效果。有的高校虽然实训室数量足够，但是电子沙盘模拟实

训端口数量有待增加，可能只能支撑一个教学班级的实训操作，不能同时支撑多个班级的教学，也会在一定程度上影响财经素养沙盘模拟教学的开展。

五、缺乏适当的财经素养考核标准

目前，ERP 沙盘模拟教学主要通过沙盘系统进行分数的排名，然后对学生的学习效果进行评价。这个评价方式并不完全适用于大学生财经素养教育沙盘模拟实验教学。因为财经素养教育沙盘模拟实验教学的主旨在于进行财经素养教育，在评价学生的学习效果时应更关注财经素养教学目标是否达成，应评价学生通过沙盘模拟是否获取了财经知识、是否提高了财经技能、是否形成了财经观念。而仅仅靠沙盘模拟的分数排名来对学生进行考核，并不能达到这个评价效果。另外，ERP 沙盘模拟教学主要是以小组合作的方式来进行对抗比赛，最后的考核也一般以小组的形式进行考核，这个考核方式无法体现出学生个体在小组合作中所做的贡献，也无法体现学生个体的学习效果。因此，以小组作为单位来进行考核在一定程度上是有失公平的，会出现考核分数与个人贡献不匹配的情况。由此可见，大学生财经素养教育沙盘模拟实验教学还需要构建一个完善的考核体系，既能很好地评价学生财经素养的提升情况，又能很好地评价学生个体的学习情况。

六、学校层面和学生层面对财经素养教育的重视程度有待提升

高校作为大学生接受教育的场所，理应引导、帮助大学生树立正确的劳动观、合理的金钱观、理性的消费观、正义的财富观，提高他们的财经素养意识和能力。然而，很多高校没有把财经素养教育提升到一个足够重要的地位。这一方面体现在学校开展的课程中，专门的财经素养教育课程占比很少；另一方面体现在部分高校开展财经素养教育的形式与大学生在初高中接受的教育形式差别不大，即使部分高校通过“讲座”等形式对大学生进行财经知识的指导，也多流于形式，没有在真正意义上帮助他们解决在参与经济生活中所遇到的困惑与问题。另外，相关的访谈和调查显示，尽管大学生在观念上高度一致地认为财经素养教育很重要，但是部分大学生将财经素养教育视为专业的知识技能教育，没有意识到它不仅仅是学科知识的教育，更是观念和思维上的教育，忽略了财经素养对自己的日常生活以及整个人生的影响和作用，将财经素养与现实生活割裂了。综上，为了避免大学生财经素养教育沙盘模拟实验教学的实施陷入尴尬的境地，学校层面和学生层面对财经素养教育的重视程度还有待提升。

第二节　大学生财经素养教育沙盘模拟实验教学实施困境的突破策略

一、建设“双师型”教学团队，提升教师教学水平

在大学生财经素养教育沙盘模拟实验教学中，学生是主要参与者，教师则更多地发挥规则介绍者、知识引导者、活动组织者的作用。这改变了传统的教师是主体、学生是客体的教师主导型关系。但是，这并不意味着教师的作用弱化了，相反地，教师教学水平的高低对于教学效果的影响是更大的，这就对教师的教学水平提出了更高的要求。大学生财经素养教育沙盘模拟实验教学的教师应该是具备完备的专业理论知识体系和丰富的企业实践管理经验的“双能型”教师。要收到良好的教学效果，还需要高校建设“双师型”的教学团队，不断提升教师的教学水平。

（一）完善和更新教师的知识体系

教师要熟悉财经素养的教学目标以及沙盘模拟的整个流程和规则，要熟练掌握经济学、管理学、金融学、会计学等知识体系，这样才能准确把握沙盘模拟教学中每个环节涉及

的知识点，并将财经素养教育很好地融入进去。教师还要及时了解和掌握学科理论和时间领域发展的最新动态，不断更新自己的知识体系，形成更深厚、前沿的知识积淀，这样才能更好地引导学生在沙盘模拟教学中理解和掌握财经知识。

（二）打造和引进具有实践经验的教师

大学生财经素养教育沙盘模拟实验教学的实践性较强，这就要求教师具有一定的企事业单位实践经验。要解决高校在校专任教师缺乏企事业单位实践经验的问题，一方面，应鼓励在校专任教师到企事业单位挂职锻炼，积累企事业单位实践管理经验，更好地以实践经验来指导教学；另一方面，学校在招聘教师时，应适度考虑应聘者的企事业单位实践经验，以优化教师结构。

（三）建设成熟的“双师型”教学团队

大学生财经素养教育沙盘模拟实验教学涉及的知识和技能甚广，互助互促、众行致远的教学团队建设就显得尤为重要。高校应加强组织引领，建设成熟的教学团队，并优化教学团队结构，保障教学团队既有大量专业理论知识，又有丰富的实践经验。在培养在校固有专任教师的同时，可依据学校实际情况，适时引进一些企业的管理层、职业经理人、创业者、行业的专家等具有丰富实践经验的人员走进课堂，以“专兼结合”的思路组建教师队伍，建设和打造“双师型”教学团队，让大学生财经素养教育沙盘模拟实验教学团队在学术理念、实践技能、教学方式以及未来教学规划等方面实现目标协同，以实现更好的教学效果。

二、构建财经素养教育课程体系，多形式活动辅助教学

（一）结合高校实际，构建财经素养教育课程体系

课程作为教与学相互作用的中介和纽带，对于大学生财经素养教育沙盘模拟实验教学有着不可或缺的作用。而如前所述，很多高校还没有建立起财经素养教育的课程体系，很多专业也没有开设沙盘模拟课程，因此大学生财经素养教育沙盘模拟实验教学的实施缺乏载体，很难达到《中国财经素养教育标准框架》里提出的“了解知识与事实”“获取方法与技能”“形成观念与态度”的三大教学目标，也很难满足大学生在实际生活中处理相关财经问题的需要。因此，高校应结合自身的实际办学情况，考虑大学生在各个学习阶段财经素养的学习需求，建立大学四年贯通的财经素养课程体系，形成分级、分层、分阶段的培养课程体系，真正把财经素养作为核心素养落实到教育过程中。在这个过程中，一方面要加强原有渗透式课程建设，另一方面要将财经素养教育开设为通识课或公共选修课，面向所有专业的大学生开放，让各个专业的大学生都有更多的机会去接受财经素养教育。对于即将毕业走向社会工

作岗位的大学生来说，财经素养课程的教学应该适当减少理论教学，以培养大学生的实际财经技能为目的，注重课程的实践性与应用性。高校可以增设一批实践类、应用类课程，为财经素养沙盘模拟课程的实施提供载体，让大学生在接受财经素养教育的时候有更多的选择权，从中感受财经的魅力，将“黑板财经”转化为“生活中的财经”。此外，要加快教材的建设，在积极借鉴国外财经素养教育优秀教材的基础上，编撰适合我国国情和需求的大学生财经素养教育教材，为财经素养教学提供有力的指导。

（二）在课程教学之外，推广多形式的活动辅助教学

通过沙盘模拟来进行大学生财经素养教育，除了在课堂上进行教学，还可以推广多种形式的课外活动以反哺课堂教学。例如，鼓励各个专业的大学生参加 ERP 相关的学科与技能竞赛，以赛促学、学赛结合，通过沙盘模拟比赛，让学生带着更加明确的学习目标和更强烈的求知欲望投入财经素养的学习。高校还可以鼓励大学生创办和参与财经素养沙盘模拟兴趣社团，在社团里开展沙盘竞赛、沙盘培训、知识讲座等活动，以此激发大学生的学习兴趣，使其利用课外的时间更多地接触财经素养，并能够互相学习交流，营造良好的学习气氛，这对于课堂教学来说能够起到很好的辅助作用。

三、应用翻转课堂，提高教学效果

由于 ERP 沙盘模拟教学实训的规则一般比较复杂，因此高校可以通过建设翻转课堂来帮助学生提前了解沙盘模拟的规则。例如，教师可以通过在线教学平台，对沙盘模拟教学实训规则进行线上讲解，或者线下录制视频并上传至教学平台上。这样一来，学生就可以在进行财经素养沙盘模拟教学实训活动前登录教学平台学习沙盘模拟的规则。教师还可以将沙盘模拟相关学习资料整理并同步上传到在线教学平台，学生可以下载资料进行自主学习，全面了解沙盘模拟的相关内容。但是，在翻转课堂的设计和实施中应当充分考虑学生的差异性，在对学生进行充分学情分析的基础上进行翻转课堂教学设计。在翻转课堂的实施过程中，应进一步健全高校教育信息化服务系统。信息技术是翻转课堂中构建教师“教”与学生“学”的桥梁，教师必备的教学课件设计、教学视频录制及学生观看的课堂视频、课后练习都离不开信息技术的支持。这就需要高校加强信息化建设，积极构建和完善自主在线教学平台，以支持在线教学、教学资源共享、互动讨论等，提升翻转课堂的实施效果。

四、加强沙盘模拟实验室建设，保障教学顺利开展

良好的沙盘模拟实验室建设，是大学生财经素养教育沙

盘模拟实验教学得以顺利开展的基本保障。针对部分院校仍使用物理沙盘模拟实验室的问题，相关院校可以在维护现有实验室的基础上，推进电子沙盘的应用。使用电子沙盘的高校，需要加强实训机房设备的升级和维护。实训机房建设较为落后的高校，可以根据自身办学的实际情况，在安排预算资金时适度向实训机房建设、模拟端口购置等方面倾斜。高校还可以积极了解信息化建设等方面的各项国家政策和地方政策，利用政策支持，申请相应的财政补助、政府债券等资金，用以支持学校的实训室建设和维护。

五、优化考核方式，关注财经素养教学目标的达成

设置适当的考核方式是评价财经素养教学目标达成情况的重要途径。教师应当根据沙盘模拟教学的实际情况，以《中国财经素养教育标准框架》提出的“五维三标”为参考，合理设置考核的形式和各部分的权重，构建一个能够反映学生财经素养学习情况的考核体系。另外，如果沙盘模拟是以小组为单位进行的，就不仅需要考核整个小组的成绩，还需要考核每个学生在小组中的表现。教师可以在沙盘模拟结束后组织召开小组会议，让小组中每个成员都进行经验分享，在经验分享中要求学生加入对财经知识或财经观念的分享，最后根据学生的表达和总结判断学生的学习情况，将小组成绩与个人成绩进行综合评价。也可以考虑将学生互评引入考

核体系中，让小组成员互相评分，合理设置小组得分和学生互评得分的权重，将两部分得分进行综合得到最后考核分数。除了最后的结果评价，过程评价也是值得关注的。教师在整个沙盘模拟的过程中应注重对学生表现的观察，这不仅有助于教师对学生进行过程评价，也有助于教师及时发现教学过程中出现的问题以及每个学生的个性问题，从而更好地组织教学。

六、提高重视程度，为财经素养教育教学的实施提供意识基础

在政府层面，应重视财经素养教育对于个体和社会发展的价值，立足当前，着眼长远，尽快出台专门的财经素养教育战略，做好顶层设计，站在全局高度把握财经素养教育的发展方向，明确财经素养教育的发展目标、任务和计划，并推动执行。在媒体层面，应加强财经素养教育宣传，利用网络媒介和传统媒介平台，常态化、多渠道、多方位、高效率地开展财经素养教育的宣传工作，引导社会媒体舆论导向，推动公民财经素养意识的形成。在高校层面，应充分认识到大学生财经素养教育的重要性，通过多种方式提高大学生对财经素养的兴趣，并采取相关措施促进大学生财经素养教育沙盘模拟实验教学的实施，如严格落实国家对于财经素养教育的相关政策，真正把财经素养教育作为重要工作来开展，杜绝财经素养教育流于形式。在学生层面，在政府、媒体、

学校的引领下，应深刻认识到财经素养的重要性，发挥自身主观能动性，主动获取、拓展、完善自身的财经知识体系。只有各个层面合力提高对于财经素养教育的重视程度，财经素养教育各种形式的教学实施才能有一定的意识基础。

参考文献

[1] 许燕，余晓云，肖焕新 . 基于四要素教学设计模式的护理教育学教学设计、应用及评价 [J]. 护理研究，2022，36（12）：2231−2234.

[2] 张玉辛,戴心来.混合学习环境下教师教学行为对大学生学习投入影响研究 [J/OL]. 中国教育技术装备：1−6[2023−02−07]. http：//kns.cnki.net/kcms/detail/11.4754.T.20221122.1536.006.html.

[3] 杨爱华 .“以德为先”的中职财经素养达标人才培养研究 [J]. 广西教育，2022（29）：36−39.

[4] 楚国清 . 坚持为党育人、为国育才：落实立德树人根本任务 [N]. 人民日报，2022−12−01（09）.

[5] 蔡雅琴 .ERP 沙盘模拟实训课程思政教学探究与实践 [J]. 中国储运，2022（10）：193−194.

[6] 王然，徐苗苗 . 马克思人的全面发展理论之于人类文明新形态的当代价值 [J]. 学校党建与思想教育，2022（18）：6−8，22.

[7] 刘春林 . 高职 ERP 企业经营决策沙盘模拟实训教学改革研究 [J]. 投资与合作，2022（8）：184−186.

[8] 谢红雨，肖荷 . 师范类本科院校大学生学习倦怠现状调查分析 [J]. 高教学刊，2022，8（35）：1−6.

[9] 蒲清平，黄媛媛．党的二十大精神融入课程思政的价值意蕴与实践路径 [J]. 重庆大学学报（社会科学版），2022，28（6）：286–298.

[10] 阮丹．基于“三位一体”人才培养目标的课程思政建设路径：以“金融沙盘实训”为例 [J]. 科教导刊，2022（19）：57–59.

[11] 王慧，刘沛平，孙虹，等．“双创”背景下的应用型本科院校 ERP 沙盘模拟课程的教学研究与改革 [J]. 创新创业理论研究与实践，2022，5（6）：59–62.

[12] 彭洁，王浪，蒋雷．大学生学习投入的现状与对策研究：基于H大学教育学专业的调查 [J]. 河北大学成人教育学院学报，2022，24（4）：81–87.

[13] 赵亮．在线开放课程“课程思政”建设策略与实践路径：以国家精品在线开放课程《国际贸易实务》为例 [J]. 榆林学院学报，2022，32（4）：120–123.

[14] 李政 .ERP 实训与创业实践课程思政探索 [J]. 大学教育，2022（3）：60–62.

[15] 叶洪姚．高职院校 ERP 沙盘实践教学改革研究 [J]. 公关世界，2022（2）：106–107.

[16] 李婷婷．情境学习理论指导下的高中语文写作教学模式建构 [D]. 武汉：华中师范大学，2022.

[17] 徐薇薇．新时代高中思政课议题式教学设计策略探究 [D]. 西宁：青海师范大学，2022.

[18] 杨海霞．课程思政视域下中职《基础会计》教学设计研究 [D]. 南昌：江西科技师范大学，2022.

[19] 李欣 . 角色扮演法在中职《ERP 沙盘模拟》课程教学中的应用研究 [D]. 秦皇岛：河北科技师范学院，2022.

[20] 裴子航 . 马克思人的全面发展理论及其当代价值研究 [D]. 哈尔滨：东北林业大学，2022.

[21] 张博 . 基于多元智能理论的幼儿足球教学模式实验研究 [D]. 南昌：华东交通大学，2022.

[22] 姜淑媛 . 以多元智能理论为指导的初中音乐课堂教学实践研究 [D]. 青岛：青岛大学，2022.

[23] 李蓉荣，程良宏 . 象牙塔中的局外人：大学生学习参与边缘化现象及其改善 [J]. 教育发展研究，2021，41（23）：46–53.

[24] 孙金凤，安贵鑫，苏辉，等 .ERP 沙盘模拟教学质量提升的关键点控制研究 [J]. 实验技术与管理，2021，38（3）：230–235.

[25] 彭博 . 中国先秦文化中的优秀财经素养教育思想分析 [J]. 现代商贸工业，2020，41（33）：136–138.

[26] 黄孔雀，许明 . 国外大学生财经素养教育实践及启示 [J]. 教育评论，2020（6）：153–161.

[27] 尚运生 . 提升全民财经素养的几个着力点 [J]. 人民论坛，2020（15）：108–109.

[28] 黄孔雀，许明 . 美国大学生财经素养教育：背景、模式与特征 [J]. 复旦教育论坛，2020，18（4）：105–112.

[29] 楚晓琳 . 情景教学在财经素养教育中的应用研究 [J]. 大学（研究版），2020（5）：57–61.

[30] 张开金 . 大学生财经素养教育的需求与回应 [D]. 武汉：华中

农业大学，2020.
[31] 陆妍颖 . 小学财经素养教育游戏的设计与开发研究 [D]. 南京：南京师范大学，2020.
[32] 陈光会，郭清娥 . 基于“三自主”学习法的 ERP 沙盘模拟实验教学及实践 [J]. 实验室研究与探索，2020，39（3）：241–245.
[33] 邓九生 . 基于建构主义理论的政府会计教学模式设计与应用 [J]. 财会通讯，2020（15）：167–171.
[34] 章惠敏 . 课程思政视角下高职会计专业课程教学改革路径探析：以“企业 ERP 财务应用”为例 [J]. 当代会计，2020（18）：149–150.
[35] 张男星，岳昌君 .《中国财经素养教育标准框架》解读 [M]. 北京：科学出版社，2019.
[36] 尹效登 . 学科融合开启财经素养教育之门 [J]. 大学（研究版），2019（3）：31–36，26.
[37] 楚晓琳 . 日本财经素养教育实践及启示 [J]. 大学（研究版），2019（10）：49–56，48.
[38] 王胜 . 财经素养教育的中国路径 [J]. 教育家，2019（30）：15–16.
[39] 刘志阳 . 财经素养教育的上海标准和实践：数字智能时代，如何培养学生财经素养 [J]. 教育家，2019（30）：22–23.
[40] 王春春 . 协同合作，提升全民财经素养：财经素养教育的美国行动 [J]. 教育家，2019（30）：26–27.
[41] 刘志阳，杨超 . 财经素养教育的国际经验借鉴与中国标准建构 [J]. 广西财经学院学报，2019，32（3）：116–126.

[42] 裴春梅，刘红宇，祝凡 . 马来西亚财经素养教育发展现状研究 [J]. 大学（研究版），2019（5）：40–47.

[43] 莫秋明，袁铭 . 大学生的非传统就业选择的机会成本探析 [J]. 西部素质教育，2019，5（7）：187–188.

[44] 谢冬梅 . 基于“00 后”大学生特点对设计实践课程的教学探讨 [J]. 教育现代化，2019，6（A0）：213–214.

[45] 张瑾 . 基于核心素养的高中数学单元教学设计研究 [D]. 西安：陕西师范大学，2019.

[46] 孙晔 . 基于人本主义学习理论的高中地理案例教学研究 [D]. 杭州：杭州师范大学，2019.

[47] 王瑶琪，林光彬 . 新时代中国高等财经教育的机遇与挑战 [J]. 中国高等教育，2018（22）：12–14.

[48] 古景春 . 给孩子什么样的财经素养教育：基于《中国财经素养教育标准框架》的阐释 [J]. 大学（研究版），2018（6）：92–96.

[49] 赵明霏 . 经济学沙盘模拟实验教学探究 [J]. 实验室研究与探索，2018，37（11）：281–285.

[50] 中国财经素养教育协同创新中心 . 中国财经素养教育标准框架 [J]. 大学（研究版），2018（1）：9–35.

[51] 张男星，王春春，刘次林，等 . 中国财经素养教育标准研制的几个问题 [J]. 大学（研究版），2018（1）：5–8.

[52] 吴红云 . 基于人本主义教育视角的研究型大学创业教育模式研究 [D]. 合肥：中国科学技术大学，2018.

[53] 杨春越，林柔伟，蒋文梅 . 体育教学设计与实践 [M]. 延吉：延边大学出版社，2018.

[54] 宋杰，杨国春，周欣欣 . 沙盘模拟企业经营实训 [M]. 北京：首都师范大学出版社，2018.

[55] 覃丽君，张妍 .PISA 财经素养测评：背景、框架及启示 [J]. 天津市教科院学报，2017（2）：63-66.

[56] 刘国艳 . 沙盘企业模拟经营高级指导教程：新创业者 [M]. 北京：清华大学出版社，2017.

[57] 陈启山，李文蕊，黄彬彬，等 .PISA 财经素养测评对我国财经教育与财经素养研究的启示 [J]. 全球教育展望，2017，46（3）：6-15，28.

[58] 高璇 . 企业沙盘模拟课程教学探讨 [J]. 太原城市职业技术学院学报，2016（1）：126-127.

[59] 靳囡 . 基于能力本位的中职会计专业 ERP 沙盘模拟实训教学实验研究 [D]. 石家庄：河北师范大学，2016.

[60] 杜建群 . 综合实践活动课程理论与实践 [M]. 北京：北京师范大学出版集团，2014.

[61] 宋洪安 .ERP 沙盘模拟教程 [M]. 北京：电子工业出版社，2012.

[62] 张凤林，张轩浩 . 大学生理财教育课程体系构建与实施 [J]. 财会通讯，2011（8）：7-8.

[63] 林祥友，曾廷敏 .ERP 沙盘模拟中经营业务的拓展与运行规则的修订 [J]. 中国管理信息化，2008（21）：109-111.

[64] 苏永刚 . 关于开展 ERP 沙盘模拟教学的研究 [D]. 成都：西南财经大学，2008.

[65] 陈峥嵘 . 基于核心素养的数学教学设计与研究 [M]. 沈阳：辽宁大学出版社，2021.

[66] 杨西龙 . 核心素养理念下的数学教学实践 [M]. 沈阳：辽宁大学出版社，2021.

[67] 刘万辉 . 微课教学设计 [M]. 北京：高等教育出版社，2015.

[68] 毕华林，亓英丽 . 化学教学设计：任务、策略与实践 [M]. 北京：北京师范大学出版社，2013.

[69] 胡田庚 . 中学思想政治教学设计与案例研究 [M]. 北京：科学出版社，2012.

[70] 李景辉 . 教师做好教学设计的攻略 [M]. 南京：江苏美术出版社，2011.

[71] OUACHANI S，BELHASSINE O，KAMMOUN A. Measuring financial literacy：a literature review[J]. Managerial Finance，2021，47（2）：266–281.

[72] PREVETT P S，PAMPAKA M，FARNSWORTH V L，et al. A situated learning approach to measuring financial literacy self–efficacy of youth[J]. Journal of Financial Counseling and Planning，2020，31（2）：18.

[73] WARMATH D，ZIMMERMAN D. Financial literacy as more than knowledge： the development of a formative scale through the lens of bloom's domains of knowledge[J]. Journal of Consumer Affairs，2019，53（4）：1602–1629.

[74] PAVKOVIĆ A，ANĐELINOVIĆ M，MIŠEVIĆ D. Measuring financial literacy of university students[J]. Croatian Operational Research Review，2018，9（1）：87–97.

[75] MORENO–HERRERO D，SALAS–VELASCO M，SÁNCHEZ–CAMPILLO J. Factors that influence the level of financial

literacy among young people： the role of parental engagement and students’ experiences with money matters[J]. Children and Youth Services Review，2018（95）：334–351.

附录 1

本书用到的财经素养测评调查问卷如下。

亲爱的同学：

你好！非常感谢可以参加此次问卷调查活动。本问卷主要是了解财经素养相关情况，题目均为单选题。这一次问卷调查不是实名制，请放松心情，根据自己的实际情况认真填写。谢谢你的支持与合作！

1. 在选择职业时，你是否需要考虑机会成本？

○是

○否

○不清楚

2. 小明和他的朋友们打算租一套房子。他们都已经工作两个月了，没有任何积蓄。他们拿的是月薪，而且刚刚拿到工资。

他们制作了下面的“待办事项”清单：

* 买有线电视

* 支付房屋租金

* 购置户外家具

问题：清单中哪项任务是小明他们亟须解决的?

○买有线电视

○支付房屋租金

○购置户外家具

3. 你是否会做消费计划?

○一直都有

○经常有

○有时有

○从不

4. 不良信用记录对个人有影响吗?

○个人可能会被拒绝获得银行贷款

○获批的贷款金额可能偏低，或贷款利息偏高

○以上所有

○不清楚

5. 如果预期未来利率上调，应选择固定利率贷款，而不是浮动利率贷款，你是否同意？

○同意

○不同意

○不知道

6. 如果远期汇率低于即期汇率，该差价称为什么?

○升水

○贴水

○平价

○不知道

7. 在选择金融产品与服务时，我能够对投资渠道或产品服务合法与否进行合理判别。

○完全不符合

○不太符合

○一般

○比较符合

○完全符合

8. 某理财产品期限是 9 个月，累计收益率为 9%，那么它的年化收益率是多少？

○ 9%

○ 12%

○ 6%

○不知道

9. 我了解“五险一金”具体指什么。

○完全不符合

○不太符合

○一般

○比较符合

○完全符合

10. 当一个投资者将金钱分散到不同形式的资产中时，他损失金钱的风险会怎样变化？

○增加

○减少

○不变

○不知道

11. 金融工具都是风险越大收益就越大，你同意这种说法吗？

○同意

○不同意

○不知道

12. 我知道与自己经济活动相关的国家法律法规，如消费者权益保护法、税法等。

○完全不符合

○不太符合

○一般

○比较符合

○完全符合

13. 我了解我国对外开放的国家战略和倡议。

○完全不符合

○不太符合

○一般

○比较符合

○完全符合

14. 大学生能够自食其力赚取收入，是进入社会独立生活的标志。

○完全不同意

○不太同意

○一般

○比较同意

○完全同意

15. 对于财富与人生，你的看法是什么？

○视金钱如粪土

○赚钱少会影响个体成为有尊严的社会人

○财富要靠劳动获得，人生要靠自己规划

○财富很重要，必要时要采用激进的方式获得

16. 我平时积极投入社会公益和慈善事业。

○完全不符合

○不太符合

○一般

○比较符合

○完全符合

附录 2

本书用到的教学效果评价调查问卷如下。

亲爱的同学：

你好。非常感谢可以参加此次问卷调查活动。本问卷主要是了解沙盘模拟实验教学效果相关情况，题目均为单选题。这一次问卷调查不是实名制，也不会记录成绩，请放松心情，根据自己的实际情况认真填写。谢谢你的支持与合作！

1. 在 ERP 沙盘模拟实训中，你获取财经知识和技能的兴趣有所提高。

○完全不同意

○不太同意

○一般

○比较同意

○完全同意

2. 在 ERP 沙盘模拟实训中，你获取财经知识和技能的主动性有所提高。

○完全不同意

○不太同意

○一般

○比较同意

○完全同意

3. 通过 ERP 沙盘模拟实训，你对相关财经知识的理解有所提升。

○完全不同意

○不太同意

○一般

○比较同意

○完全同意

4. 通过 ERP 沙盘模拟实训，你的财经技能有所提升。

○完全不同意

○不太同意

○一般

○比较同意

○完全同意

5. 通过 ERP 沙盘模拟实训，你的财经观念与态度有所提升。

○完全不同意

○不太同意

○一般

○比较同意

○完全同意